Gut essen

Küche aus
Pommern und
Ostpreußen

© 1991 Manfred Pawlak Verlagsgesellschaft mbH,
Herrsching
Alle Rechte Vorbehalten
Autor: Brigitte Karch, München
Bildredaktion: Helga Lederer, München
Konzeption und Gestaltung: Uschi Müller, München
Umschlaggestaltung: Bine Cordes, Weyarn
Printed in Italy
ISBN 3-88199-897-7

Gut essen

Küche aus Pommern und Ostpreußen

Über 100 Rezeptideen

Pawlak

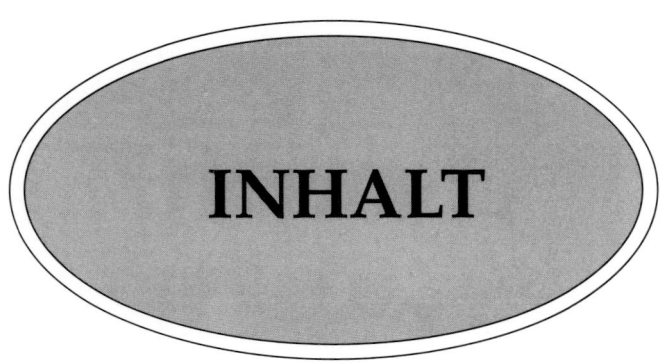

INHALT

Mecklenburger und Pommern, bekannt als handfester Menschenschlag mit derbem Humor, bevorzugen beim Essen und Trinken kräftige und zugleich schmackhafte Gerichte. Fruchtbare Äcker und prachtvolles Vieh wie Schweine, Rinder, Schafe und Federvieh bieten reichgedeckte Tische. Vor allem Gänse haben es den Mecklenburgern und Pommern angetan, und nicht umsonst heißt es: "Ne gaude, bradne Gaus, is ne gaude Gabe Gods." Der kulinarische Dreiklang Backpflaumen, Äpfel und Schwarzbrot findet sich in etlichen Rezepten wieder, die weit über die Landesgrenzen hinaus bekannt sind. Seen, Flüsse und die Ostsee bieten die verschiedensten Fische, aus denen Mecklenburger und Pommern herzhafte Mahlzeiten zubereiten. Als Friedrich der Große auch in Pommern die Kartoffeln einführte, waren es damals "Friedrichs Töffelen, die kein

Hund freten wullt" – mittlerweile ist Pommern berühmt wegen seiner vielen köstlichen und abwechslungsreichen Kartoffelgerichte. Berühmt sind in Pommerns traditioneller Küche aber auch Klöße, allerlei hausgemachte Würste und deftige süße Spezialitäten, die zum Ausprobieren anregen.

Auch in Ostpreußen richten sich die Menschen nach dem Sinnspruch "Äte on Drinke hält Liew on Seel tosammen" (Essen und Trinken hält Leib und Seele zusammen). Zudem verbinden sich Essen und Gastfreundschaft zu einem engen Gespann. Die Vorliebe für Schmantgerichte, rote Bete, Kürbissuppen und Räucherfisch ist bekannt. Eintöpfe, leckere Quarkgerichte, Schmantwaffeln oder Honigkuchen gehören ebenfalls zu den Lieblingsspeisen der Ostpreußen. Zwei weltweit bekannte Delikatessen hat Königsberg hervorgebracht: die "Königsberger Klopse" und das "Königsberger Marzipan", ein Teegebäck, das im Original "geflämmt" (gebräunt) sein muß. Was das Trinken anbelangt, so stehen hier Bier und Wein an erster Stelle, gefolgt von "Bärenfang" (Honigschnaps) oder dem berühmten "Danziger Goldwasser", ein Likör mit flimmernden Goldblättchen.

KLEINES KÜCHENLEXIKON

Bärenfang – Honigschnaps
Beetenburtsch – Rote-Bete-Suppe
Fölle Keilchen – Gefüllte Keilchen
Gekrösesuppe – Saure Grütze z. B. aus Gänseklein
Jeeljich – Gelbe Schmantsuppe
Kartoffel Keilchen – Kartoffelklößchen oder -nudeln
Klunkermus – Milchsuppe
Ingedühm – Füllung z.B. bei Schweine- oder Rinderbraten
Plummen – Pflaumen
Pommerscher Kaviar – Brotaufstrich aus Gänsedarmfett und Gewürzen
Purzelchen – Fettgebackenes

Radekuchen – Schmalzgebackenes
Schlunzmus – auch: Schlichtmus, dickliche Mehlsuppe
Schmant – saure Sahne
Schmunzelsoße – Specksoße
Schodderstroh – Eintopf mit Schweinefleisch, Kartoffeln und Kohl
Schwarzer Magister – Auflauf aus Pflaumen und Weißbrot
Thorner Katharinchen – Thorner Pfefferkuchen
Tollatschen – Schlachtgericht
Zodderklops – geschabtes Rindfleisch

AUFBAU DER REZEPTE

Die Rezepte sind, wenn nicht anders angegeben, für 4 Personen berechnet.
Die erstklassige Qualität der Zutaten sind eine Grundvoraussetzung für gutes Gelingen.

Abkürzungen der Maßeinheiten:
g = Gramm

kg = Kilogramm
l = Liter
1 TL = 1 Teelöffel = 5 ml
1 EL = 1 Eßlöffel = 15 ml
1 Tasse = ca. 1/8 l = 125 ml
1 Msp. = 1 Messerspitze
1 gestr. = 1 gestrichener
1 Weinglas = ca. 1/8 l = 125 ml
1 Schnapsglas = ca. 2 cl = 20 ml

Klare Fleischbrühe

600 g Rinderknochen, 1 1/2 l Wasser, 1 Stange Porree,
2 Mohrrüben, 1 Stück Sellerie, 1 Zwiebel, 1 Lorbeerblatt,
2 Nelken, Salz, 1 Prise Macisblüte

Knochen waschen und zerkleinern. Wasser in einem Topf erhitzen, Knochen hinzufügen, aufkochen und bei mittlerer Hitzezufuhr etwa 2 Stunden kochen lassen. Porree, Mohrrüben und Sellerie putzen, waschen und zerkleinern. Zwiebel schälen, mit Lorbeerblatt und Nelken spicken und zur Brühe geben. Mit Salz und Macisblüte würzen und noch etwa 60 Minuten kochen lassen. Durch ein Sieb abseihen und nochmals abschmecken. Nach Belieben mit kleingehackten Kräutern bestreuen.

Pikantes Rindfleischgulasch

1 kg Rindfleisch, 50 g Butter, 1 kg Zwiebeln,
3/8 l Fleischbrühe (Instant), 2 Lorbeerblätter, 2 – 3 Nelken,
5 – 6 zerstoßene Pfefferkörner, 4 Zitronenscheiben
(unbehandelt), Salz

Fleisch kurz waschen, trockentupfen und in mundgerechte Würfel schneiden. In erhitzter Butter unter Rühren braun braten. Zwiebeln schälen, in Ringe schneiden und etwa 10 Minuten mitbraten. Mit Fleischbrühe auffüllen und aufkochen. Zerbrochene Lorbeerblätter, Nelken, Pfefferkörner und Zitronenscheiben in ein Mulltüchlein einbinden, zum Fleisch geben und alles salzen. Zugedeckt etwa 2 Stunden bei geringer Hitzezufuhr garen lassen. Gewürzbeutel herausnehmen. Nochmals abschmecken und mit Salzkartoffeln, roten Beten und Gewürzgurken servieren.

Abbildung oben

11

Danziger Biersuppe

1 EL Butter, 1 EL Mehl, 1/4 l Milch, 3/4 l dunkles Bier,
Schale von 1/2 Zitrone (unbehandelt), 1/2 Zimtstange, Salz, Pfeffer,
1 TL Sirup, 1 Nelke, 1 Eigelb, 1 EL Schmant (saure Sahne),
2 Tassen Weißbrotwürfel, 1 EL Butter

Aus Butter und Mehl eine Mehlschwitze bereiten. Unter ständigem Rühren Milch hinzugießen, danach mit Bier auffüllen. Zitronenschale und Gewürze hinzufügen. Abschmecken und etwa 15 Minuten bei geringer Hitzezufuhr köcheln lassen. Zitronenschale und Zimstange entfernen. Eigelb mit Schmant verquirlen und die Suppe damit binden. Brotwürfel in erhitzter Butter anrösten und über die Suppe streuen.

"Jeeljich"
Gelbe Schmantsuppe

250 g Backpflaumen, 1 EL Zuckerrübensirup, 2 EL Mehl,
1 Prise Salz, 1/8 l Schmant (saure Sahne); für die Einlage:
150 g Mehl, 1 Ei, 1 Prise Zucker, Salz

Backpflaumen über Nacht einweichen, im Einweichwasser (gegebenenfalls auf 1 l auffüllen) garen, mit einem Sieblöffel herausnehmen und zur Seite stellen. Backpflaumenflüssigkeit mit Zuckerrübensirup aufkochen. Danach mit in wenig kaltem Wasser verrührtem Mehl binden und 10 Minuten köcheln lassen. Für die Einlage Mehl mit Ei vermischen, etwas Wasser hinzufügen, damit ein dicklicher Teig entsteht. Teelöffelweise Klößchen abstechen und in der Suppe garen. Zum Schluß Backpflaumen wieder hinzugeben, nochmals aufkochen lassen und mit Schmant, Zucker und Salz kräftig abschmecken.

12

Kartoffelsuppe

1 kg Kartoffeln, Salz, 1 l Fleischbrühe (Instant), 2 Lorbeerblätter,
Pfefferkörner, 100 g Speckwürfel, 4 Paar kleine Würstchen

Kartoffeln schälen, waschen und in Stücke schneiden. Mit Salz in die Fleischbrühe geben, Gewürze hinzufügen und etwa 20 Minuten kochen lassen. Speckwürfel in der Pfanne auslassen und darüber gießen. Abschmecken und Würstchen dazu servieren.

"Gekrösesuppe"
Saure Grütze

1 großes Gänsegekröse (Gänseinnereien), Senfkörner, Pfefferkörner,
Majoran, 3 l Salzwasser, 2 Zwiebeln, 4 Äpfel, 120 g Hafergrütze

Das gewaschene Gekröse in Stücke schneiden und mit den Gewürzen in kaltem Salzwasser aufsetzen. Sobald das Wasser kocht, geschälte, geviertelte Zwiebeln, entkernte, in Stücke geschnittene Äpfel und Hafergrütze hinzufügen. Alles 2 – 3 Stunden bei mittlerer Hitze unter gelegentlichem Rühren weich kochen. Nach Belieben abschmecken.

Borschtsch-Eintopf

*750 g mageres Hammel- oder Lammfleisch, 2 Zwiebeln,
2 EL Schweineschmalz, 1 kleine Dose Pfifferlinge, 1 TL Kümmel,
Salz, 6 Wacholderbeeren, 1/2 TL Pfefferkörner, 1 Lorbeerblatt,
1 kg Weißkohl, 200 g eingelegte rote Bete, 2 Mohrrüben,
2 kleine Stangen Porree, 1/8 l Schmant (saure Sahne)*

Fleisch kurz waschen, trockentupfen und in etwa 3 cm große Würfel schneiden. Zwiebeln schälen und hacken. Beides im heißen Schweineschmalz rundherum anbraten. Pfifferlinge abtropfen lassen, Dosenflüssigkeit mit 1 l Wasser auffüllen, zum Fleisch geben. Mit Kümmel und Salz würzen. Wacholderbeeren, Pfefferkörner und Lorbeerblatt zugeben. Zugedeckt etwa 60 Minuten schmoren lassen. Weißkohl putzen und hobeln, rote Bete abtropfen lassen, in Scheiben schneiden. Mohrrüben und Porree putzen, waschen und in dünne Scheiben schneiden. Mit 6 EL Flüssigkeit von den roten Beten in den Topf geben, und alles noch 30 Minuten bei geringer Hitzezufuhr schmoren. Eventuell mit Salz nachwürzen. In eine vorgewärmte Schüssel füllen. Schmant in die Mitte setzen und erst bei Tisch untermischen. Dazu passen Salzkartoffeln und ein Kümmelschnaps.

Abbildung rechts

"Beetenburtsch"
Rote-Bete-Suppe

600 g Rindfleisch, 1 Bund Suppengrün, Salz,
750 g Rote Bete, 1/4 l Schmant (saure Sahne), 1 EL Mehl,
Zucker, Zitronensaft oder Essig

Rindfleisch mit geputztem und zerkleinertem Suppengrün in 2 l kaltem Salzwasser 2 Stunden kochen lassen. Fleisch herausnehmen und in Würfel schneiden. Rote Bete schälen, waschen, im Ganzen in reichlich Wasser weich kochen, und danach im Mixer pürieren. Püree zur Fleischbrühe geben und mit Schmant verfeinern. Die Suppe mit in wenig kaltem Wasser verrührtem Mehl binden. Dann mit Zucker, Zitronensaft oder Essig abschmecken. Fleisch hinzufügen und heiß servieren.

Bohnentopf

200 g weiße Bohnen, 1 Frühmastente (ca. 1,8 kg), Salz,
weißer Pfeffer, 40 g Schweineschmalz, 2 Bund Suppengrün,
2 Zwiebeln, 1 Knoblauchzehe, 400 g Weißkohl, 250 g Mohrrüben,
1 EL Essig, Zucker, Bund Petersilie

Die Bohnen über Nacht in reichlich Wasser einweichen. Am nächsten Tag die Ente innen und außen gründlich waschen (eventuell vorhandene Leber anderweitig verwenden, das gut geputzte Herz kann im Eintopf mitgekocht werden). Ente trockentupfen, innen und außen salzen und pfeffern. Schweineschmalz in einem großen Bräter erhitzen, und die Ente darin rundherum 20 Minuten anbraten. Suppengrün, Zwiebeln und Knoblauch putzen bzw. schälen und sehr fein würfeln. Kohl waschen und in schmale Streifen schneiden. Mohrrüben schaben und mittelfein würfeln. Ente aus dem Schmorfond nehmen, und das Bratfett fast gänzlich abgießen. Suppengrün, Zwiebeln und Knoblauch im restlichen Fett glasig braten. Kohl hinzufügen und etwa 5 Minuten anschmoren. Von der Ente die Brusthaut abziehen. Flügel und Keulen wegschneiden. Brust und Rückenfleisch in großen Stücken ablösen. Bohnen abgießen und zusammen mit den Mohrrüben auf den Kohl schichten. Darauf die Entenstücke legen und mit 3/4 l Wasser aufgießen. Zugedeckt etwa 60 Minuten köcheln lassen, bis das Fleisch ganz weich ist. Nach Belieben mit etwas weiterem Wasser angießen. Eintopf pikant mit Salz, Pfeffer, Essig und Zucker abschmecken. Die Entenhaut knusprig braun braten und in Streifen schneiden. Das Gericht in eine Schüssel geben und mit Entenhautstreifen und gehackter Petersilie bestreut servieren. Dazu paßt hervorragend ein eisgekühlter Kümmelschnaps.

Saure Kohlsuppe

1 kleiner magerer Schweinefuß, 1 kg Weißkohl,
Salz, Pfeffer, 1 Lorbeerblatt, etwas gemahlener Kümmel,
2 EL Weizenmehl, 1/8 l Schmant (saure Sahne),
Essig oder Zitronensaft nach Geschmack

Schweinefuß kurz waschen. Weißkohl putzen und in dünne Streifen schneiden. Mit 1 l Wasser und Gewürzen etwa 1 Stunde gar kochen. Mit in wenig kaltem Wasser verrührtem Mehl binden und weitere 5 Minuten kochen lassen. Mit Schmant verfeinern und mit Zitronensaft abschmecken. Dazu ißt man in Ostpreußen Salzkartoffeln.

Mecklenburger Rindfleischtopf

*750 g Rinderfilet von Kopf oder Spitze, Salz, Pfeffer, 2 Zwiebeln,
80 g Butter, 1 Päckchen dunkle Soße (Instantprodukt),
250 g Steinpilze, Pfifferlinge oder Champignons*

Fleisch kurz waschen, trockentupfen, salzen und pfeffern. Zwiebeln schälen, fein würfeln und zusammen mit dem Fleisch in 50 g erhitzter Butter kurz anbraten (es sollte innen noch roh sein). Inzwischen die Soße nach Packungsanleitung herstellen. Geputzte Pilze in erhitzter, restlicher Butter ohne Wasserzugabe schmoren. Fleisch zur Soße geben, einige Minuten darin belassen. Dazu passen Teltower Rübchen und Salzkartoffeln.

Abbildung oben

Schodderstroh

1 kg Schweinefleischwürfel, 1 kg rohe Kartoffelscheiben,
1 kg gehobelter Weißkohl, 400 g Zwiebelwürfel,
Salz, etwa 1/2 l Schmant

Fleisch, Kartoffeln, Weißkohl, Zwiebeln und Salz schichtweise in einen hohen eisernen Topf geben. Mit Schmant übergießen und ohne Umrühren bei geringer Hitzezufuhr gar kochen.

Kürbissuppe (I)

500 g Kürbis, 40 g Reis, Nudeln oder Graupen,
1/2 l Milch, 2 bittere, geriebene Mandeln, Salz, Zucker,
etwas Zimt

Kürbis schälen, das innere weiche Fleisch in Stücke schneiden und in 1 l Wasser weich garen. Dann pürieren und abermals erhitzen. Reis, Nudeln oder Graupen hinzufügen und nach etwa 15 Minuten die kochende Milch und die Mandeln hinzufügen. Das Ganze unter Rühren weich kochen und zum Schluß mit Salz, Zucker und Zimt abschmecken.

Kürbissuppe (II)

1 kg Kürbisfleisch, 1/8 l Essig, 3 Nelken, 2 Zimtstangen, 1 Prise Salz,
40 g Weizenmehl, 4 EL Zitronensaft, 3 EL Honig

Das Kürbisfleisch in mundgerechte Würfel schneiden, mit Essig, 3/4 l Wasser, Gewürzen und Salz etwa 40 Minuten köcheln lassen. Mit einem Sieblöffel etwa 1/3 vom Kürbisfleisch herausnehmen. Nelken und

Zimtstangen ebenfalls herausnehmen. Die restliche Flüssigkeit mit Kürbiswürfeln pürieren. Mit in wenig kaltem Wasser verrührtem Weizenmehl binden. Dann die Kürbisfleischwürfel wieder hinzufügen. Mit Zitronensaft und Honig süß-säuerlich abschmecken.

Mohnnudelsuppe

100 g gemahlener Mohn, 1 l Milch, 2 geriebene bittere Mandeln,
5 g geriebene Mandeln, Zucker nach Geschmack, Salz,
100 g breite Nudeln, Rosenwasser

Mohn in wenig heißem Wasser aufkochen und abgießen. Milch mit 1 l Wasser aufkochen, Mohn und Mandeln hinzufügen und etwas kochen lassen. Danach die Nudeln hineingeben und in 8 – 10 Minuten weich garen. Nach Belieben mit Rosenwasser abschmecken.

"Kalte Obstsuppen"
Kaltschale

500 g Obst der Saison, Zucker nach Geschmack,
etwas Zitronenschale (unbehandelt) oder Stangenzimt,
1 – 2 EL Speisestärke

Das Obst waschen, putzen und in 1 l Wasser weich kochen. Durch ein Sieb streichen, zuckern, Zitronenschale oder Stangenzimt hinzufügen und nochmals aufkochen. Mit in wenig kaltem Wasser angerührter Speisestärke binden; danach erkalten lassen. Vor dem Servieren den Stangenzimt entfernen. Nach Belieben mit flüssiger Sahne begießen. Tip: Kirschen werden entsteint, aber nicht püriert.

Birnensuppe mit Klößen

400 g Birnen, etwas Zucker

Die Birnen waschen, schälen und von Stiel, Blüte und Kerngehäuse befreien. Danach in Stücke schneiden und in 1 1/4 l kochendem Zukkerwasser nicht zu weich garen. Mit reichlich Mehlklößen servieren.

Mehlklöße

250 g Mehl, 2 – 4 gegarte, geriebene Kartoffeln, 1 verquirltes Ei,
1/8 l Milch, 1 EL Zucker, 2 EL Butter, 1 Prise Salz

Aus den angegebenen Zutaten einen Mehlklöße-Teig zubereiten. Eßlöffelweise abstechen und in die kochende Birnensuppe (Rezept oben) geben. Nachdem die Klöße in die Höhe gestiegen sind, noch weitere 5 Minuten ziehen (nicht mehr kochen) lassen. Eventuell mit weiterem Zucker süßen. Warm serviert schmecken sie am besten.

Backobstsuppe

125 g Backobst, 50 g Zucker, 1/8 l Sahne, 30 g Weizenmehl

Backobst am Vorabend in 1 1/4 l Wasser einweichen und am nächsten Tag im Einweichwasser gar kochen. Mit Zucker süßen und mit in wenig kaltem Wasser verrührten Weizenmehl binden.

"Schlunzmus" Schlichtmus

3 – 4 EL Weizenmehl, 1 TL Butter, Salz

1 l Wasser erhitzen, Weizenmehl in wenig kaltem Wasser verrühren und in das siedende Wasser einrühren, etwa 10 Minuten gar kochen lassen. Die Suppe sollte eine etwas dickliche Konsistenz aufweisen. Mit Butter verfeinern und mit Salz abschmecken. Gilt als sehr nahrhafte Suppe, die sich vor allem als Krankenkost eignet.

Mecklenburger Rippenbraten mit
"Ingedühm"
(Rezept s. Seite 25)

Gefüllter Schweinerücken nach Mecklenburger Art
(für 4 – 6 Personen)

1,2 kg Schweinerücken, Salz, weißer Pfeffer
aus der Mühle, 1 Zwiebel (40 g), 70 g Butterschmalz,
100 g gemischtes Hackfleisch, 100 g Backpflaumen (entsteint),
1/4 – 1/2 l heiße Fleischbrühe (Instant), 1 EL Mehl

Das Fleisch kurz waschen und mit Küchenkrepp trockentupfen. In den Schweinerücken eine ausreichend große Tasche schneiden, innen und außen salzen und pfeffern. Die Zwiebel schälen und kleinschneiden. 20 g Butterschmalz in der Pfanne erhitzen, die Zwiebel hinzufügen und dünsten. Das Hackfleisch ebenfalls hinzufügen und unter Rühren rasch anbraten. Die Pfanne vom Herd nehmen, die Backpflaumen unterheben und alles in die vorbereitete Fleischtasche füllen. Die Fleischtasche mit Holzstäbchen feststecken, oder die Tasche mit Küchengarn zunähen. Das restliche Butterschmalz im Bräter erhitzen, und das Fleisch von allen Seiten darin anbräunen. Mit etwa der Hälfte der Fleischbrühe aufgießen und zugedeckt im vorgeheizten

Backofen bei 225° C 110 – 120 Minuten schmoren. Ab und zu eßlöffelweise mit heißer Fleischbrühe nachgießen. Den Schweinerücken herausnehmen und im Backofen warm stellen. Vor dem Aufschneiden die Holzstäbchen bzw. das Küchengarn entfernen. Die restliche Fleischbrühe zur Sauce gießen und mit in wenig kaltem Wasser angerührtem Mehl binden, nochmals aufkochen lassen.

Mecklenburger Rippenbraten mit "Ingedühm" (mit Füllung)

1 leicht gepökeltes Rippenstück, 2 große Äpfel,
300 g Backpflaumen, Zucker, 100 g geriebenes Schwarzbrot,
Salz, Pfeffer, 80 g Schweineschmalz, etwa 1/2 l Fleischbrühe
(Instant), 1 – 2 TL Speisestärke

Das Rippenstück so groß wählen, daß der Fleischer die Rippen brechen kann, um das Fleisch zusammenzuklappen. Äpfel schälen, Kerngehäuse ausstechen und in Scheiben schneiden. Backpflaumen 30 Minuten einweichen, ausdrücken und Apfelscheiben, Zucker und Schwarzbrot vermischen. Rippenstück innen und außen salzen, Füllung auf die eine Innenseite legen, die andere darüber klappen und mit Küchengarn zusammennähen (ähnlich wie beim Gänsebraten). In heißem Schweineschmalz im Bräter von allen Seiten anbraten, mit etwas Fleischbrühe aufgießen und zugedeckt im vorgeheizten Backofen bei 220°C etwa 90 Minuten schmoren lassen. Danach offen noch weitere 30 Minuten braten. Hin und wieder Fett abschöpfen und mit Fleischbrühe angießen. Rippenbraten herausnehmen, Bratfond entfetten und mit in wenig kaltem Wasser verrührter Speisestärke binden. Dazu passen Salzkartoffeln.

Abbildung Seite 23

Mecklenburger Klopfschinken

1 Schweineschinken mit Knochen, Salz, 6 Nelken, 200 g geriebenes Schwarzbrot, 1 Messerspitze Nelkenpulver, Piment und Pfeffer, 3 TL Zucker, 1/2 TL Zimt

Schweineschinken kurz waschen, trockentupfen und mit der Schwartenseite kurze Zeit in siedendes Wasser (zum Braten aufbewaren) legen. Schwarte kreuzweise einschneiden, rundum einsalzen und mit Nelken spicken. In den Bräter legen und mit wenig Wasser aufsetzen. Im vorgeheizten Backofen bei 180°C etwa 1 1/2 Stunden schmoren lassen, dabei immer wieder mit heißem Wasser angießen, und den Bratfond von den Seiten des Bräters lösen. Danach den Braten aus dem Ofen nehmen, mit einem scharfen Messer die Schwarte lösen und das Fleisch mit einer Mischung aus Schwarzbrot, Nelkenpulver, Piment, Pfeffer, Zucker und Zimt den oberen Teil des Schinkens belegen. Mit etwas Bratensaft beträufeln. Schinken in den Bräter zurückgeben und weitere 30 Minuten schmoren lassen. Schinken behutsam in Scheiben schneiden. Aus dem Bratfond eine Senf- oder Kirschsoße bereiten. Dazu passen Kartoffelbrei oder Salzkartoffeln.

Tip: Übrig gebliebene Schinkenscheiben wie Rezept "Klopfschinken Pommersche Art" zubereiten.

Abbildung rechts

Schmantschinken

500 g Räucherschinken, 40 g Butter, 1/8 l Schmant (saure Sahne), 1 TL Weizenmehl, Salz

Räucherschinken 1 Stunde in Wasser oder Milch legen, auf einem Sieb abtropfen lassen und in Scheiben schneiden. Die Butter in einer Pfanne erhitzen und bräunen. Die Schinkenscheiben darin rasch von

beiden Seiten bräunen und herausnehmen. Die Hälfte vom Schmant in die Pfanne gießen, bräunen lassen, Weizenmehl mit restlichem Schmant verrühren und die Soße damit binden. Schinkenscheiben in der Soße anrichten und Salzkartoffeln dazu reichen.

Klopfschinken auf Pommersche Art

4 Scheiben magerer, roher Schinken, 1/4 l Milch, 2 Eier, 2 Semmeln, Pfeffer, 60 g Schweineschmalz

Schinkenscheiben klopfen und 1 – 2 Stunden in der Milch marinieren lassen. Das Fleisch in einer Mischung aus Eiern, geriebenen Semmeln und Pfeffer von beiden Seiten wenden. Danach im heißen Schweineschmalz von beiden Seiten knusprig braun braten.

Königsberger Rinderfleck

1 Rindermagen, Rinderdickdärme, Salz, 2 Zwiebeln, 6 Senfkörner,
6 Pfefferkörner, 2 Pimentkörner, 1 TL Majoran, 1/2 Sellerieknolle

Den Rindermagen und die Därme gut reinigen. Danach etwa 24 Stunden wässern, mit reichlich Salz abreiben und mit frischem Wasser so lange spülen, bis sie sauber sind. Danach die "Fleck" in kleine Würfel schneiden. Zusammen mit geschälten, geviertelten Zwiebeln und den in einem Mullsäckchen gebundenen Gewürzen und Selleriestücken hinzufügen und salzen. Alles 6 – 8 Stunden (im Schnellkochtopf verkürzt sich die Garzeit auf ca. 5 Stunden) weich kochen.

Schweinekamm mit Sauerkohl

1 kg gepökelter Schweinekamm, 1 Zwiebel, 1 Lorbeerblatt,
8 Senfkörner, 2 Wacholderbeeren, 6 Pfefferkörner, 1 Zweig Thymian;
für den Sauerkohl: 750 g Sauerkohl, 40 g Schweineschmalz, 1 Zwiebel,
knapp 3/8 l Brühe, 1 TL Kümmel, 1 TL Zucker, 1 Apfel

Schweinekamm mit kaltem Wasser bedecken und zum Kochen bringen. Geschälte und geviertelte Zwiebel, Lorbeerblatt, Senfkörner, Wacholderbeeren, Pfefferkörner und Thymian hinzufügen und bei geringer Hitzezufuhr etwa 30 – 45 Minuten langsam garen. Sauerkohl zerzupfen, Zwiebel schälen und in Scheiben schneiden. Im heißen Schweineschmalz anrösten, Sauerkohl hinzufügen, mit Schweinekammbrühe und Wasser aufgießen und mit Kümmel und Zucker würzen. Apfel waschen, schälen, Kerngehäuse ausstechen in Scheiben schneiden, auf den Kohl geben und etwa 5 Minuten kochen lassen. Eventuell mit einer rohen, geriebenen Kartoffel binden. Schweinekamm in Scheiben schneiden, auf dem Sauerkohl anrichten und mit wenig abgeseihter Kochbrühe begießen. Dazu paßt Kartoffelpüree.

Rindfleisch mit Plummen

1 kg mageres Rindfleisch, Salz, 1 Bund Suppengrün,
350 g Backpflaumen, 4 Zwiebeln, 50 g Butter, 1 – 2 EL Mehl,
1/2 l Fleischbrühe (Instant)

Rindfleisch kurz waschen und salzen und zusammen mit dem geputzten Suppengrün, 1 geschälten, geviertelten Zwiebel und 1 l Wasser aufsetzen, bei geringer Hitzezufuhr köcheln lassen. Eingeweichte Backpflaumen abgießen und mit etwas Fleischbrühe garen. 40 g Butter erhitzen, Mehl unter Rühren hinzufügen und mit Fleischbrühe aufgießen. Restliche Zwiebeln schälen, würfeln, in restlicher erhitzter Butter andünsten und zur Soße geben. Fleisch in Scheiben schneiden und zusammen mit Backpflaumen servieren. Soße über das Fleisch gießen. Dazu passen Salzkartoffeln.

Abbildung unten

Mecklenburger Sauerfleisch

*1,5 kg magerer gepökelter Schweinebauch
(in dicken Scheiben), 4 Zwiebeln, Salz, 2 EL Zucker, 1/4 l Essig,
4 Lorbeerblätter, 1 EL Senfkörner, 1 EL Wacholderbeeren,
4 cl Kümmelschnaps*

Schweinebauch in einen Topf legen. Zwiebeln schälen, in dicke Ringe schneiden, obenauf verteilen. Alles leicht salzen. Zucker mit Essig und gut 3/4 l Wasser aufkochen, über das Fleisch gießen, langsam aufkochen lassen und sorgfältig mit dem Schaumlöffel abschäumen. Lorbeerblätter, Senfkörner und zerdrückte Wacholderbeeren hinzugeben. Oh-

31

ne Deckel bei geringer Hitzezufuhr etwa 3 Stunden köcheln lassen. Alles in eine flache Schüssel legen. Den Sud mit Kümmelschnaps wür-zen und über das Fleisch gießen. Über Nacht kalt stellen und gelieren lassen. Dazu passen Bratkartoffeln. *Abbildung vorherige Seite*

Gänse -Weißsauer

1 1/2 – 2 kg Schweine- oder Kalbsfüße, 4 l Salzwasser,
2 1/2 kg Gänse- oder Entenfleisch, 40 g Salz, Petersilienwurzeln,
1 kleine Sellerieknolle, 1 Mohrrübe, 2 Zwiebeln, 1 Lorbeerblatt,
8 Pfefferkörner, Essig oder Zitrone nach Geschmack

Die Schweine- oder Kalbsfüße in kaltem Salzwasser aufsetzen und 1 Stunde kochen. Gänse- oder Entenfleisch und Salz hinzufügen und so lange kochen, bis das Fleisch fast gar ist. Geputztes und zerkleinertes Gemüse zusammen mit Lor-beerblatt, Pfefferkörnern und Essig oder Zitrone zum Fleisch geben und noch etwa 10 Minuten kochen lassen. Schichtweise in Gläser füllen. Brühe zum Entfetten durch ein Tuch abgießen und über das Fleisch in den Gläser gießen.

Gänseklein
(für 2 Portionen)

Gänseklein (z.B. Hals, Flügel, Hals, Magen, Herz)
Für den Sud: Salzwasser, 1 Bund Suppengrün, 1 Lorbeerblatt,
1 gewürfelte Zwiebel, 1 Zitrone (unbehandelt),
4 Wacholderbeeren, Pfefferkörner; 1 EL Schweineschmalz,
1 1/2 EL Mehl, Zitronensaft

Gänseteile zerkleinern, Haut vom Magen abziehen. Einen Sud aus den angegebenen Zutaten bereiten, Gänseklein in den kochenden Sud geben und etwa 60 Minuten köcheln lassen, durch ein Sieb abseihen. Aus Schweineschmalz und Mehl eine Einbrenne bereiten. Mit wenig kaltem Wasser ablöschen und mit knapp 1/4 l Brühe aufgießen. Gänseklein hinzufügen, aufkochen lassen und zum Schluß mit Zitronensaft abschmecken. Dazu passen als Einlage kleine rohe Kartoffelklöße. In Mecklenburg serviert man außerdem Salzkartoffeln dazu.

Schweinenacken
mit Mohrrübengemüse

4 Scheiben Schweinenacken, 5 EL Sojaöl, Pfeffer, Salz,
2 große Zwiebeln, 500 g Mohrrüben, 300 g Kartoffeln,
2 Bund Petersilie, 50 g geriebener Käse

Die Schweinenackenscheiben in 3 EL heißem Öl scharf anbraten, pfeffern, salzen und zur Seite stellen. Zwiebeln schälen, Mohrrüben putzen, waschen, und beides in Scheiben schneiden. Im Öl anbraten, mit etwa 1/4 l Wasser aufgießen, salzen und zugedeckt etwa 15 Minuten kochen. Kartoffeln schälen, in Scheiben schneiden und in Salzwasser ebenfalls 15 Minuten kochen. Mohrrüben und Kartoffeln abgießen. In eine flache Form zuerst Fleisch legen, darauf Kartoffeln und zum Schluß Mohrrüben schichten. Restliches Öl erhitzen, gehackte Petersilie anbraten, mit Käse mischen und über die Mohrrüben geben. Im vorgeheizten Backofen bei 225°C etwa 15 Minuten überbacken. *Abbildung unten*

Schweinezunge in süß-saurer Kapernsoße

3 Schweinezungen, 1 Bund Suppenkraut, 1 Lorbeerblatt,
1 l Fleischbrühe (Instant), 40 g Butter, 50 g Mehl, 2 EL Essig-
Essenz 25%, 1 EL Zucker, 1 Messerspitze Pfeffer,
50 g Kapern (aus dem Glas), 2 Eigelb

Schweinezungen waschen, Schlund etwas wegschneiden, mit kleinge-schnittenem Suppenkraut und Lor-beerblatt in der Fleischbrühe etwa 1 1/4 Stunden garen. Zungen häu-ten, Brühe durch ein Sieb abseihen. Butter im Topf schmelzen, Mehl ein-rühren, mit Brühe unter Rühren auf-füllen und aufkochen lassen. Mit Es-sig-Essenz, Zucker und Pfeffer süßsauer abschmecken. Abgetropfte Kapern in die Soße rühren. Nicht mehr kochen lassen und mit Eigelben binden. Zunge in Scheiben schneiden und mit der süß-sauren Soße servieren. Dazu passen körnig gegarter Reis und Kohlrabi-Möhren-Gemüse. Als Getränk eignet sich Bier.

Abbildung vorherige Seite

Gänseleber

3 Äpfel, 3 Zwiebeln, 60 g Butter, 4 Scheiben Weißbrot,
4 Gänselebern, 20 g Mehl, Salz, Petersilie

Äpfel schälen, Kerngehäuse ausstechen, vierteln. Zwiebeln schälen und in Ringe schneiden. 20 g Butter erhitzen, Weißbrotscheiben darin auf jeder Seite anbräunen, herausnehmen und warm stellen. Apfelscheiben und Zwiebelringe in die Pfanne geben, goldgelb braten lassen und ebenfalls warm stellen. Lebern kurz waschen, trockentupfen, in Mehl wenden und in restlicher erhitzter Butter auf jeder Seite 3 Minuten braten. Danach salzen und auf den gerösteten Weißbrotscheiben anrichten. Dann mit Äpfeln und Zwiebeln garnieren.

Gänseklein auf Polnische Art

Kopf, Hals, Magen, Herz, Flügel, Füße (abgezogen), Salz,
Pfeffer, gemahlenes Piment, gemahlene Nelken, 1 Bund Suppengrün,
40 g Butter, 60 g Mehl, 250 g Äpfel, Majoran,
Zitronensaft, 1 TL Zucker

Das Fleisch reinigen, waschen und in Stücke schneiden. Zusammen mit 1 l kochendem Wasser, Gewürzen und geputztem Suppengrün aufsetzen und etwa 1 Stunde gar kochen. Aus Butter und Mehl eine Mehlschwitze bereiten, mit abgeseihter Brühe aufgießen. Äpfel waschen, trockentupfen, Kerngehäuse ausstechen und in Scheiben schneiden. Die Äpfel mit dem Gänseklein zur Soße geben. Zum Schluß mit Majoran, Zitronensaft und Zucker abschmecken. Nach Belieben mit Schweinefleischklößchen oder Bratwürsten verlängern.

Gänse-Schwarzsauer

1 Gänsegekröse (Gänseklein), 2 Zwiebeln, Salz, Pfeffer,
1 – 2 TL Majoran, 125 g getrocknete Birnen, 125 g getrocknete
Äpfel, 125 g getrocknete Pflaumen, Zitronen- oder Apfelsinenschale
(unbehandelt), 1 1/4 l Gänseblut, 1 – 2 EL Mehl,
Saft von 1 – 1 1/2 Zitronen, Salz

Etwa 1 l Wasser zum Kochen bringen, Gänseklein hinzufügen und 1 Stunde kochen lassen. Das am Vortag eingeweichte Backobst zusammen mit der Zitronenschale hineingeben und weitere 20 Minuten kochen lassen. Fleisch herausnehmen. Gänseblut mit dem Mehl verrühren, in die kochende Suppe geben und noch 10 Minuten kochen lassen. Die Suppe mit Zitronensaft süß-säuerlich abschmecken. Das Fleisch entbeinen und in die Suppe geben. Paßt zu Mehl-, Grieß- oder Kartoffelklößen, als Suppe oder dick eingekocht.

Knusprige Gänsekeulen

4 Gänsekeulen, 4 Schalotten, 1 TL zerstoßener Pfeffer, 1/4 l Essig, Salz, 1/4 l Cremesoße (Fertigprodukt)

Gänsekeulen in einer Marinade aus geschälten, halbierten Schalotten, Pfeffer, Essig und 1/2 l Wasser legen und unter häufigem Wenden mindestens 2 Stunden marinieren lassen. Gänsekeulen leicht salzen, auf den Grillrost legen und zunächst im vorgeheizten Backofen bei 220° C etwa 45 Minuten braten lassen.

Dabei hin und wieder mit der abgeseihten Marinade bepinseln. Gänsekeulen wenden und weitere 35 Minuten braten. Nochmals wenden und 10 Minuten grillen lassen. Dazu passen Rotkohl und überbackene Kartoffeln. Fertigsoße erwärmen und getrennt dazu reichen.

Abbildung unten

Falscher Gänsebraten

*1 kg frische Schweinsrippchen, 200 g Backpflaumen ohne Steine,
2 große, saure Äpfel, 80 g Schwarzbrot, 1 TL Zucker, Salz,
1 Prise Zimt, 1 Prise Kardamon, gut 1/8 l Fleischbrühe (Instant),
Pfeffer, Rosenpaprikapulver, 1 EL Speisestärke*

Schweinerippe kurz waschen, trockentupfen und von der Seite so aufschneiden, daß eine Tasche entsteht. Für die Füllung Backpflaumen halbieren, Äpfel waschen, schälen, Kerngehäuse ausstechen, vierteln, Schwarzbrot reiben und alles vermischen. Mit Zucker, Salz und allen Gewürzen abschmecken; mit Fleischbrühe vermengen und in das Rippenstück füllen. Mit Küchengarn zunähen, salzen, pfeffern und mit Rosenpaprika einreiben. In einen Bräter legen, mit wenig Wasser aufgießen und im vorgeheizten Backofen bei 225° C anbraten lassen, wenden und etwa 1 1/4 Stunden schmoren. Dabei häufig mit Wasser aufgießen. Fleisch herausnehmen und auf einer vorgewärmten Platte anrichten. Bratenfond mit Wasser loskochen, mit in wenig kaltem Wasser verrührter Speisestärke binden. *Abbildung vorherige Seite*

Spickgans

1 Gänsebrust oder 2 Keulen, 2 EL Salz, 1 Messerspitze Zucker, 1 Messerspitze Salpeter

Die Brust entbeinen, entsehnen und in größere Stücke schneiden. Mit einer Mischung aus Salz, Zucker und Salpeter von allen Seiten so lange einreiben, bis das Salz eingezogen ist. Die Brust zusammenklappen und mit Küchengarn fest zusammenbinden. Danach in Pökellake geben. In Buchenholz und Wacholderzweigen räuchern. Dazu passen knusprig gebratene Bratkartoffeln oder geröstetes Weißbrot.

Pökellake

250 g Salz, 2 l Wasser, 1 Messerspitze Salpeter, 1 EL Zucker

Ein hohes Gefäß mit Salz ausstreuen. Spickbruststücke fest aufeinanderpacken und mit einer erkalteten Mischung aus Wasser, Salz, Salpeter und Zucker übergießen. Täglich das Fleisch begießen. Nach 5 – 6 Tagen Fleisch kalt abwaschen, trockentupfen und zwischen zwei Brettern pressen und 8 – 12 Stunden beschweren. Fleischstücke trockentupfen, aufhängen und 1 – 2 Tage an der Luft trocknen lassen. Dann in ein Mulltuch wickeln und 6 – 8 Tage räuchern. Danach nochmals pressen und zum Verzehr aufschneiden.

Gefüllter Gänsebraten

1 Gans (etwa 3 kg), Salz, 500 g kleine säuerliche Äpfel,
250 g Backpflaumen, 2 EL Zucker, 4 – 5 EL trockenes,
geriebenes Schwarzbrot; für die Soße: 2 EL Mehl,
4 EL Sahne, Salz, Pfeffer

Die bratfertige, von Fett befreite Gans innen und außen salzen. Äpfel schälen, Kerngehäuse ausstechen. Backpflaumen einweichen, zerkleinern und mit Äpfeln, Zucker und Schwarzbrot vermischen und die Gans damit füllen. Mit Küchengarn zunähen. Brusthaut mit einer Gabel mehrmals einstechen und mit der Brust nach unten in eine Bratenpfanne legen. 1/8 l Wasser hinzugießen und im vorgeheizten Backofen bei 250°C etwa 15 Minuten anbraten, danach auf 200°C herunterschalten und etwa 2 Stunden braten. Gans wenden, oft mit Bratensaft und leicht gesalzenem kalten Wasser einpinseln. Bratenfond lösen, entfetten und nach Bedarf mit Wasser aufgießen. Mehl mit Sahne verrühren, Soße damit binden, 5 Minuten kochen lassen und durch ein Sieb abseihen. Mit Salz und Pfeffer abschmecken. Gans zerlegen, auf einer vorgewärmten Platte anrichten und mit Äpfeln umlegen. Dazu passen Salzkartoffeln und Rotkohl.

Stralsunder Fischertopf

500 g Fischfilet, Saft von 1/2 Zitrone, Fischgewürz (Fertigprodukt),
4 Zwiebeln, 2 EL Butter, 1 Salatgurke, 4 – 6 gekochte Kartoffeln,
1 TL Tomatenmark, 1/4 l Gemüsebrühe (Instant),
2 Bund Dill, 8 EL Sahne, 1 EL Senf

Das Fischfilet waschen, in grobe Stücke schneiden, mit Zitronensaft beträufeln und mit der Würzmischung würzen und durchziehen lassen. Zwiebeln grob hacken und in einem flachen Topf in erhitzter Butter glasig dünsten. Salatgurke waschen, Kerne mit einem Löffel entfernen, in Würfel schneiden, zu den Zwiebeln geben und mitdünsten lassen. Gewürfelte Kartoffeln, Tomatenmark und Fischwürfel hinzufügen. Gemüsebrühe dazugießen. Alles zum Kochen bringen und das Fischfilet bei geringer Hitzezufuhr gar ziehen lassen. Dill waschen, trockentupfen und fein hacken. Zusammen mit Sahne und Senf verrühren und zum Schluß unterheben. Eventuell nochmals nachwürzen und servieren.

Mecklenburger Heringspfännchen

(für 6 Personen)

2 große Salzheringe (ca. 300 – 400 g), 6 EL Bratenreste (150 g),
1 Zwiebel (50 g), 20 g Butter, 1 Prise Cayennepfeffer, 3 Eigelb,
4 EL Sahne (12% Fett), Butter für die Förmchen, 6 TL Semmelbrösel,
20 g Butterflöckchen, 4 TL gehackte Petersilie

Die Heringe etwa 4 Stunden wässern, enthäuten, entgräten und sehr fein hacken. Die Bratenreste sehr fein schneiden. Die Zwiebel schälen, fein würfeln und in erhitzter Butter anbräunen. Alle vorbereiteten Zutaten vermischen und mit Cayennepfeffer würzen. Die verquirlten Eigelbe mit der Sahne vermischen, und alles in leicht gefettete Förmchen (Durchmesser etwa 7 cm) füllen. Mit Semmelbrösel bestreuen, mit Butterflöckchen belegen und etwa 15 Minuten im vorgeheizten Backofen bei 220°C überbacken. Dazu paßt Weißbrot und Gurkensalat.

Eingelegte Bratheringe

1 kg grüne Heringe, Salz, 2 EL Mehl, Öl, 2 Zwiebeln,
1 EL Senfkörner, 8 Pfefferkörner, 1 Lorbeerblatt,
150 g Zwiebelringe, 1/4 l Weinessig, 1/8 l Wasser

Heringe gründlich ausnehmen, säubern, schuppen, Flossen und Schwänze stutzen, Köpfe entfernen. Fische innen und außen salzen, in Mehl wenden und in erhitztem Öl auf beiden Seiten braten. Zwiebeln schälen, in Ringe schneiden, zusammen mit Senfkörnern, Heringen und Pfefferkörnern schichtweise in einen Steintopf legen. Lorbeerblatt, Zwiebelringe, Weinessig und Wasser aufkochen und abgekühlt über die Heringe gießen.
Tip: Nach 1 – 2 Tagen können die Fische mit Bratkartoffeln oder Kartoffelpüree gegessen werden.

Pommersche Bratheringe

4 grüne Heringe, Salz, 4 EL Mehl, 80 g Butter, Zitronenscheiben
(unbehandelt), Senfkörner, 1 – 2 Lorbeerblätter; für die Marinade:
1/4 l Essig, 2 Zwiebeln, 2 Nelken, 1 Zweig Thymian

Heringe gründlich ausnehmen, säubern, schuppen, Flossen und Schwänze stutzen, Köpfe entfernen. Fische innen und außen salzen, in Mehl wenden und in erhitzter Butter auf beiden Seiten braten und erkalten lassen. Schichtweise mit Zitronenscheiben, Senfkörnern und Lorbeerblättern in einen Steintopf füllen. Aus den angegebenen Zutaten eine Marinade bereiten, mit 1/2 l Wasser aufkochen, abseihen und abschmecken. Die Marinade abkühlen lassen und über die Heringe gießen. Dazu ißt man Bratkartoffeln oder Pellkartoffeln.

Wismarer Labskaus

600 g Rinderpökelfleisch, 2 kg Kartoffeln, 1 große Zwiebel,
40 g Schweineschmalz, 40 g rote Bete, 1 Heringsfilet, Salz, Pfeffer,
4 Eier, Butter zum Braten, 1 Gewürzgurke, 4 Rollmöpse

Rinderpökelfleisch in reichlich Wasser kochen, abtropfen lassen, in Würfeln schneiden und durch die grobe Scheibe des Fleischwolfs drehen. Kartoffeln schälen, waschen, in Stücke schneiden und in Salzwasser gar kochen. Die Hälfte des Kochwassers abgießen, Kartoffeln mit dem restlichen Kochwasser pürieren. Zwiebel schälen, fein würfeln und in erhitztem Schweineschmalz leicht andünsten. Fleisch und Zwiebeln unter die Kartoffeln rühren, eventuell weitere Fleischbrühe hinzufügen, damit eine Kartoffelbrei-Konsistenz entsteht. Rote Bete und Salzhering kleinschneiden und ebenfalls hinzufügen, salzen und pfeffern. Spiegeleier im erhitzten Fett braten. Die Eier zusammen mit Gurkenscheiben und Rollmöpsen auf dem Labskaus anrichten.

Heringe auf Rigaer Art

1,5 kg grüne Heringe, Butter für die Form, 2 Zwiebeln,
200 g geräucherter Speck, Salz, etwa 1/2 l Schmant (saure Sahne),
150 g geriebener Hartkäse, 4 TL geriebene Semmel, Butterflöckchen

Heringe schuppen, Kopf und Schwanz wegschneiden, säubern und waschen. Auflaufform buttern, Zwiebeln schälen und würfeln. Speck würfeln und beides in die Form geben. Heringe hinzufügen und sal-zen. Mit Schmant übergießen, mit Käse und geriebener Semmel bestreuen und mit Butterflöckchen bedecken. Im vorgeheizten Backofen bei 200°C etwa 20 Minuten überbacken und sofort servieren.

Apfel-Heringsfilets

8 Salzheringe, Pfeffer, Saft von 1 Zitrone, 4 säuerliche Äpfel,
4 Zwiebeln, 2 TL gehackte Petersilie

Heringe filetieren, gut wässern, trockentupfen, mit Pfeffer und Zitronensaft würzen. Äpfel schälen, Kerngehäuse ausstechen, in Scheiben schneiden. Heringe darauf anrichten. Zwiebeln schälen, in dünne Ringe schneiden und über die Heringe geben und im Kühlschrank ziehen lassen. Zum Schluß mit gehackter Petersilie bestreuen.

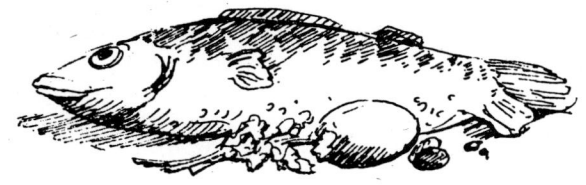

Sahnehering
mit Äpfeln und Zwiebeln

4 entgrätete Heringsfilets, 2 große Äpfel, Zitronensaft, 2 Zwiebeln,
1/4 l saure Sahne, 1/2 TL Zucker, Pfeffer, edelsüßes Paprikapulver

Die Heringsfilets waschen, trockentupfen. Äpfel waschen, trockentupfen, Kerngehäuse ausstechen und in Würfel schneiden. Danach mit Zitronensaft beträufeln. Zwiebeln schälen, würfeln, zusammen mit saurer Sahne und den Gewürzen vermischen. Heringsstücke in die Soße legen. Dazu passen Salz- oder Pellkartoffeln. *Abbildung rechts*

Hering mit Graupen

2 EL Graupen, 3 – 4 EL grüne Erbsen, 100 g geräucherter Speck,
4 Salzheringe, 2 Mohrrüben, 1 kleine Zwiebel,
2 Kartoffeln, gerebelter Thymian

Graupen und Erbsen über Nacht einweichen. Mit dem Einweichwasser und Speck etwa 1 1/2 Stunden kochen. Die Heringe filetieren, etwa 4 Stunden wässern und in Streifen schneiden. Mohrrüben schälen und würfeln, Zwiebel schälen und ebenfalls würfeln, Kartoffeln schälen und in Scheiben schneiden. Alles zu den Graupen und Erbsen geben. Heringsfilets hinzufügen und etwa 10 Minuten ziehen lassen. Mit Thymian würzen, nochmals gut abschmecken und sofort servieren.

Geräucherte Maränen mit Rührei

4 Eier, 40 g Butter, 250 g geräucherte Maränenstücke (Renken)

Die Eier verquirlen, in erhitzter Butter unter Rühren garen. Geräucherte Maränenstücke hinzufügen und zu Ende garen lassen.

Gebratene Strömlinge

4 Strömlinge (Ostsee-Heringe),
Salz, 4 gehäufte EL Mehl, 80 g Butter;
für die Marinade: 1/8 l Essig, 3/4 l Wasser, Salz, Pfefferkörner,
1 Lorbeerblatt, 1 in Scheiben geschnittene Zwiebel

Die Strömlinge schuppen, Köpfe abschneiden und aus der so entstandenen Öffnung die Eingeweide herausziehen. Gründlich waschen und trockentupfen. Salzen und 30 Minuten ziehen lassen. In Mehl wälzen und in erhitzter Butter rundum anbraten. Eine Marinade aus den angegebenen Zutaten herstellen, einmal aufkochen und kalt über die erkalteten Fische gießen. An einem kühlen Ort 2 Tage marinieren lassen.

Dorsch mit Petersiliensoße

1 kg Dorsch, Salz, 1/2 Bund Suppengrün, 1 Zwiebel,
1 TL gehackte Zwiebeln, 40 g Mehl, 1/2 l Fischfond, 40 g Butter,
Saft von 1/2 Zitrone, Salz, 4 TL gehackte Petersilie

Den Dorsch schuppen, ausnehmen, waschen, trockentupfen und in Stücke schneiden. In einen Dampfeinsatz legen. Wasser, geputztes Suppengrün, geschälte und in Scheiben geschnittene Zwiebel hinzufügen. Den Dorsch etwa 15 Minuten gar dämpfen. Fischreste mit Fond und Suppengrün etwa 10 Minuten kochen lassen, durch ein Sieb abseihen. Butter erhitzen, gehackte Zwiebel darin andünsten, mit Mehl bestäuben und mit der abgeseihten Brühe aufgießen. Mit Zitronensaft und Salz abschmecken. Fisch in eine vorgewärmte Schüssel geben. Dann mit der Soße übergießen und mit Petersilie bestreuen.

Marinierte Stinte

4 Stinte (lachsartige Fische), 1 EL Kümmel, 1 Zwiebel;
für die Marinade: 1/8 l Essig, 3/4 l Wasser, Salz, Pfefferkörner,
1 Lorbeerblatt, 1 in Scheiben geschnittene Zwiebel;
200 g geräucherter Speck

Stinte mit Kümmel und gewürfelter Zwiebel in 1 – 1 1/2 l Wasser aufsetzen und etwa 20 Minuten dünsten lassen. Herausnehmen (Fischbrühe zu Suppe weiterverwenden) und abkühlen lassen. Eine Marinade aus den angegebenen Zutaten bereiten, und die Stinte etwa 3 Stunden marinieren lassen. Herausnehmen, trockentupfen und mit würfelig geschnittenem, ausgelassen Speck übergießen. Dazu passen Pellkartoffeln.

GEMÜSE UND BEILAGEN

Kohlroulade

1 großer Weißkohlkopf, 1 EL Salz, 2 Scheiben altbackenes Schwarzbrot
Für die Füllung: 250 g Schabefleisch vom Rind, 125 g Schabefleisch
vom Schwein, 2 in wenig Wasser eingeweichte und ausgedrückte
Scheiben Weißbrot, 2 TL Salz, 2 TL Pfeffer, 4 EL Speckwürfel
Für die Soße: 10 Speckscheiben, 250 g geschälte Tomaten,
1/4 l saure Sahne, 2 TL Fleischextrakt, 1/4 l Wasser, 1 EL Mehl, Salz,
Pfeffer, 2 EL edelsüßes Paprikapulver, 6 EL gehackte Petersilie

Weißkohl um den Strunk herum tief einschneiden und mit dem Stiel nach unten in Salzwasser zusammen mit dem Schwarzbrot 30 Minuten lang kochen lassen. Blätter vorsichtig vom Kohlkopf lösen. Aus 3 – 4 Blättern ein Bett (insgesamt 4 Stück) formen. Für die Füllung Schabefleisch mit Weißbrot vermischen, mit Salz und Pfeffer würzen, zum Schluß die ausgelassenen Speckwürfel hineinkneten. Masse auf die Kohlblätter legen, zusammenrollen und mit Küchengarn um-wickeln. Für die Soße Speckscheiben in einem breiten Topf abbraten. Kohlrouladen darauf legen und bei geringer Hitzezufuhr von allen Seiten braun braten. Wasser hinzufügen und zugedeckt etwa 30 Minuten schmoren lassen. Nach 20 Minuten geviertelte Tomaten, saure Sahne und eine Mischung aus Fleischextrakt, Wasser und Mehl hinzufügen. Mit Salz, Pfeffer und Paprikapulver abschmecken und mit reichlich gehackter Petersilie bestreuen.

Abbildung rechts

50

Rote-Bete-Gemüse

600 g rote Bete, 40 g Butter, 2 Zwiebeln,
1 Nelke, 1 Lorbeerblatt, 2 EL Zucker, 2 EL Essig, 1/8 l Sahne,
1/8 l Gemüsebrühe (Instant), Salz, Pfeffer

Rote Bete waschen, in einen Topf geben und mit Wasser bedeckt 30 – 40 Minuten kochen. Abgießen, mit kaltem Wasser abschrecken, schälen, Stielansatz und holzige Stellen wegschneiden. Rote Bete in dünne Scheiben schneiden. In erhitzter Butter 1 geschälte, gewürfelte Zwiebel andünsten. Zucker hinzufügen (nicht karamelisieren lassen), rote Bete, Nelke und Lorbeerblatt hinzufügen und mit Essig, Sahne und Gemüsebrühe aufgießen. Zugedeckt etwa 30 Minuten garen, dabei den Topf hin und wieder rütteln. Zum Schluß salzen und pfeffern, Nelke und Lorbeerblatt entfernen. Restliche Zwiebel schälen, in Ringe schneiden und reichlich darüber streuen. Paßt zu gekochtem Schweine- oder Rindfleisch, aber auch zu gebratenem Fisch.

Eingemachter süß-saurer Kürbis

1,5 kg Kürbisfleisch, Salz, Nelken, Zimtstangen,
1,5 kg Zucker, 1/2 l Essig

Kürbisfleisch in mundgerechte Stücke schneiden und in Salzwasser kurz blanchieren. Jedes Stück Kürbisfleisch mit Nelke (längs gespalten) und jeweils 1 Stückchen Zimt spicken. Zucker mit 1/4 l Wasser und Essig aufkochen, Kürbisstückchen darin dünsten, bis sie glasig werden. Abkühlen lassen und am nächsten Tag abermals aufkochen. Kürbisfleisch abgießen, in heiß ausgespülte Gläser füllen. Essig-Wasser-Lösung etwas einkochen und heiß über das Kürbisfleisch gießen. Gut verschließen und 8 Wochen im Kühlen aufbewahren.

Graue Erbsen mit Speck

600 g Erbsen, Salz

Die Erbsen verlesen, waschen und über Nacht einweichen. Im Einweichwasser gar kochen, salzen, durch ein Sieb abtropfen lassen und mit Specksoße (Rezept S. 71) servieren.

Geschmorte Kohlrouladen

16 große Weißkohlblätter, 500 g gemischtes Hackfleisch,
30 g geriebene Brötchen, Salz, 40 g Butter, 1/8 l Schmant
(saure Sahne), 3/8 l Kohlbrühe, 1 EL Mehl

Von den Weißkohlblättern starke Strünke etwas flach schneiden, kurz blanchieren, abtropfen lassen und je 2 Blätter übereinanderlegen. Aus Hackfleisch, geriebenen Brötchen und Salz einen Teig kneten und mit je 1 Löffel voll auf die ausgebreiteten Kohlblätter geben. Zusammenrollen, mit Küchengarn umwickeln und in der erhitzten Butter von allen Seiten anbraten. Mit der Hälfte vom Schmant und Kohlbrühe aufgießen und zugedeckt etwa 1 Stunde schmoren lassen. Danach Mehl mit restlichem Schmant vermischen und salzen. Vor dem Servieren Küchengarn entfernen.
Dazu passen Salzkartoffeln.

Mecklenburger Kohlrüben mit Schweinebauch

750 g Kohlrüben (Wruken), 750 g Schweinebauch, 1/2 Lorbeerblatt, 2 – 3 Zwiebeln, Salz, etwas Pfeffer, 1 TL körnige Brühe, 750 g Kartoffeln, 40 g Schweineschmalz, 1 EL Mehl

Kohlrüben waschen, in Streifen schneiden, mit gewaschenem, trockengetupftem Schweinebauch und gewürfelten Zwiebeln vermischen. Mit etwa 1/2 l Wasser aufgießen und mit Salz, Pfeffer und körniger Brühe würzen, etwa 45 Minuten garen. Kartoffeln schälen, waschen, in Scheiben schneiden und nach 15 Minuten zufügen. Schweineschmalz erhitzen, mit Mehl bestäuben, mit 1/4 l Wasser aufgießen, zum Gericht geben und durchrühren. *Abbildung unten*

Gefüllter Kohl im Tuch

1 mittelgroßer Weißkohlkopf, Salz, 40 g Schweineschmalz,
250 g Schweinehackfleisch, 2 altbackene Brötchen, 1 Ei, Pfeffer,
Majoran, Thymian, 1 Prise Macis, Fleischbrühe

Weißkohlblätter ablösen, dicke Rippen flach schneiden und waschen. Blätter in kochendem Salzwasser kurz blanchieren, abtropfen lassen. Restliche Weißkohlblätter in feine Streifen schneiden und in heißem Schweineschmalz anbraten, abkühlen lassen. Weißkohlblätter in ein großes Leinentuch schichten (wie ein Nest). Gehackten Kohl mit

Hackfleisch, eingeweichten und ausgedrückten Brötchen, mit Ei und den Gewürzen vermischen und auf die Kohlblätter legen. Leinentuch verknoten und in der kochenden Fleischbrühe etwa 90 Minuten garen. Herausnehmen und aufschneiden. Dazu reicht man in brauner Butter gebräunte Semmelbrösel.

Abbildung vorherige Seite

Rotkohl-Gemüse

1 kleiner Rotkohl, 40 g Butter, 1 mittelgroße Zwiebel, 1 Apfel,
1 Lorbeerblatt, Salz, 1 – 2 Nelken, 1 TL Zucker, Pfeffer,
3 EL Obstessig, 1/4 l Rotwein

Rotkohl waschen und kleinschneiden. Fett in einem Topf erhitzen, geschälte und gewürfelte Zwiebel darin von allen Seiten andünsten. Kohl, geschälten und gewürfelten Apfel hinzufügen sowie Gewürze dazugeben. Alles gut umrühren, mit Essig und Rotwein aufgießen und zugedeckt etwa 45 Minuten garen lassen. Vor dem Servieren Lorbeerblatt und Nelken entfernen. Paßt zu knusprig gebratenen Gänsekeulen.

Senfgurken

(ergibt 8 Stück)

8 große, dickfleischige Gurken, 2 EL Salz,
3 l Weinessig, 3/4 l – 1 l Wasser, 750 g Zucker, 2 EL Senfkörner,
4 geschälte Schalotten oder 12 Perlzwiebeln, 1 EL geraspelter
Meerrettich, 2 EL weiße Pfefferkörner, je 1 Bund frischer
Estragon und Dill, evtl. ein paar Gewürznelken

Die Gurken schälen und der Länge nach halbieren. Mit einem Löffel entkernen und in dicke Scheiben schneiden. In eine große Schüssel legen, einsalzen und ca. 12 Stunden ziehen lassen. Danach gut abtropfen lassen. 1 l Weinessig, Wasser, Zucker und Salz mit 1 EL Senfkörnern aufkochen lassen und die Gurkenscheiben hineinlegen. Einmal aufwallen lassen; dann Gurken mit dem Sieblöffel herausnehmen. Lagenweise mit Schalotten, Meerrettich, Pfefferkörnern, Estragon und Dill in Gefäße schichten, so daß sie gut zu 3/4 gefüllt sind. Restlichen Essig aufkochen, darüber gießen und noch 1 EL Senfkörner und evtl. Nelken hinzufügen. Gurken mit einem Teller beschweren. Dabei darauf achten, daß die Gurken mit dem Essig gut bedeckt sind. Die Gefäße zunächst mit Mull zubinden. Nach 24 Stunden mit Pergament abdecken und mit Cellophan verschließen.

Eingelegte Gurken

4 kg Einmachgurken, Wasser, Weinlaub, Zweige von Kronendill
(das ganze Kraut, Blätter, Blütenstände und Früchte),
10 l Wasser, 500 g Salz, 1/4 l Essig

Die Gurken gründlich waschen und dann 24 Stunden in Wasser legen, danach herausnehmen und mit einem Tuch trockentupfen. In hohe Gefäße lagenweise mit Weinlaub und Kronendill füllen. Wasser, Salz und Essig aufkochen und nach dem Erkalten über die Gurken gießen. Topf mit Cellophan fest verschließen und an einem kühlen Ort aufbewahren.

Grieben-Kartoffeln

*100 g Schweine- oder Gänsegrieben, eventuell
etwas Schweine- oder Gänseschmalz, gegarte Salzkartoffeln,
Salz, Pfeffer, 200 g Äpfel, 50 g Grieben
(vom ausgebratenen Schmalz)*

Ausgebratene Schweine- oder Gänsegrieben, die vom ausgelassenen Schmalz zurückbleiben, nochmals gut braten, bis sie knusprig sind und warm stellen. Das dabei entstehende Fett in einen irdenen Topf geben – falls das Fett knapp ist, mit zusätzlichem Schmalz auffüllen. Die noch heißen Salzkartoffeln mit einem Stampfer zerdrücken, nach Bedarf kochendes Wasser hinzufügen und mit Salz und Pfeffer abschmecken. Nochmals aufkochen, dabei sollen die Kartoffeln eine feuchte, dicke Masse sein. Äpfel mit Grieben erhitzen und auf die Kartoffelmasse geben. Dazu saure Gurken, rote Rüben und eingemachte Kürbisstücke reichen.

Kartoffelwurst

*1 kg Kartoffeln, 1 kg Schweinefleisch (1/2 kg Bauchstück, Schulter),
Salz, Pfeffer, 2 Zwiebeln, 2 TL gerebelter Majoran, 1 Schweinemagen,
Schweineschmalz, Speisestärke*

Die Kartoffeln kochen, schälen und in Würfel schneiden. Das Schweinefleisch in Wasser etwa 1 Stunde dämpfen, würfeln und zusammen mit den Kartoffeln, Salz, Pfeffer, geschälten, gewürfelten Zwiebeln und Majoran vermischen. Alles in den Schweinemagen füllen und mit Küchengarn zunähen. Schweineschmalz in einem Bräter erhitzen, Schweinemagen von allen Seiten darin anbraten, mit Wasser auffüllen und zugedeckt etwa 1 Stunde knusprig braten. Hin und wieder mit Wasser beschöpfen. Herausnehmen, in Scheiben schneiden und den Bratfond mit in wenig kaltem Wasser verrührter Speisestärke binden. Heiß servieren und Salzkartoffeln dazu reichen.

Überbackene Kartoffeln

*500 g Kartoffeln, Salz, 1/4 l Béchamel-Soße (Fertigprodukt),
1 EL gehackte Petersilie, Fett für die Form*

Kartoffeln waschen, schälen und in sehr dünne Scheiben schneiden, leicht salzen. In einer gefetteten, hitzebeständigen Form schuppenartig anordnen. Die Fertigsoße darüber gießen und im vorgeheizten Backofen bei 200° C 30 – 40 Minuten überbacken. Mit gehackter Petersilie bestreuen. Paßt zu knusprig gebratenen Gänsekeulen und Rotkohl. Ein gut gekühltes Bier dazu reichen.

Abbildung oben

Majorankartoffeln

*1 kg Pellkartoffeln, 4 EL Schweineschmalz
(oder Butter), 2 EL Mehl, 1/2 l Fleischbrühe (Instant),
1 gehäufter EL gerebelter Majoran, Salz*

Pellkartoffeln schälen und in Scheiben schneiden. Schweineschmalz erhitzen, mit Mehl bestäuben und eine Mehlschwitze zubereiten. Mit Fleischbrühe ablöschen, Majoran hinzufügen und salzen. Pellkartoffelscheiben hinzufügen und in der Majoransoße langsam ziehen lassen. Paßt hervorragend zu gekochtem Rindfleisch oder Fisch.

Stampfkartoffeln mit Buttermilch

*1 kg Pellkartoffeln, etwa 1/8 l Milch und gut 1/8 l Buttermilch,
Salz, 2 EL Schweineschmalz, 2 Zwiebeln*

Heiße Pellkartoffeln schälen, mit heißer Milch und Buttermilch stampfen, danach schlagen und salzen. Schweineschmalz erhitzen, Zwiebeln schälen, in Ringe schneiden, und knusprig rösten. Über die Stampfkartoffeln geben. Nach Belieben mit Schnittlauchröllchen bestreuen.

Schmantkartoffeln

1 kg Pellkartoffeln, 1/4 l Milch, 1/2 l Schmant (saure Sahne),
1 TL Mehl, 2 – 3 Zwiebeln, Salz, edelsüßes Paprikapulver,
Petersilie, Schnittlauch

Pellkartoffeln pellen und in Scheiben schneiden. Milch mit Schmant und Mehl verquirlen, zusammen mit geschälten, gewürfelten Zwiebeln aufkochen. Kartoffeln hinzufügen, abermals aufkochen und mit den Gewürzen abschmecken. Zum Schluß mit gehackter Petersilie und Schnittlauchröllchen garnieren. Passen zu Fleisch und gebratenem Fisch.

Eingelegte rote Bete

1 kg rote Bete, 3/4 l Essig, 80 g Zucker, 1 TL Salz,
1 langes Stück Meerrettich, 1 EL Kümmel

Rote Bete waschen, in einen Topf geben und mit Wasser bedeckt etwa 45 Minuten kochen. Abgießen, mit kaltem Wasser abschrecken, schälen, Stielansatz und holzige Stellen wegschneiden. Rote Bete mit einem Bundmesser in dünne Scheiben schneiden. Essig, 1/4 l Wasser, Zucker und Salz in einem Topf aufkochen. Meerrettich schälen und in feine Würfel schneiden, mit roten Beten vermischen. Zusammen mit Kümmel in heiß ausgespülte Gläser schichten. Heiße Essig-Zucker-Lösung darüber gießen, dabei sollte alles bedeckt sein, und Gläser gut verschließen. Nach 3 Tagen ist die rote Bete verzehrfähig.

Klöße

800 g Kartoffeln, 200 g Speisestärke, etwa 1/4 l kochendes Wasser,
1 TL Salz, geröstete Brotwürfel, Salzwasser

Kartoffeln schälen, würfeln, garen und heiß durch eine Kartoffelpresse drücken. Speisestärke darüber streuen, kochendes Wasser hinzufügen und zu einem glatten Teig verkneten. Mit feuchten Händen große Klöße formen. In die Mitte eine Vertiefung drücken, geröstete Brotwürfel hineingeben und wieder zu einem Kloß formen. In kochendem Salzwasser offen etwa 10 Minuten ziehen lassen. Paßt ganz vorzüglich zu Schmorfleisch oder Schweinebraten.

Königsberger Klopse (I)

250 g gehacktes Kalbshackfleisch, 250 g gehacktes Rindfleisch,
1/8 l Wasser, 50 g geriebene Semmeln, 1 Ei, 2 TL Salz, 1 geriebene
Zwiebel, 1 EL flüssige Butter, 1 Lorbeerblatt, 40 g Margarine,
40 g Mehl, 1/2 l Fleischbrühe (Instant), Saft von 1/2 – 1 Zitrone,
50 g Kapern (aus dem Glas), 1 – 2 EL Sahne (oder Buttermilch)

Kalbshackfleisch und Rindfleisch mit Wasser, Semmeln, Ei, Salz, Zwiebel und Butter gut vermischen. Gleichmäßige Klopse formen, in 3/4 kochendes Salzwasser mit dem Lorbeerblatt geben und ca. 30 Minuten ziehen lassen. Klopse mit dem Sieblöffel herausnehmen. Aus Margarine und Mehl eine Mehlschwitze zubereiten, mit Fleischbrühe aufgießen, mit Zitronensaft, abgetropften Kapern und Sahne abschmekken. Die Klopse in eine große Schüssel geben und mit der Soße übergießen. Dazu passen Rote-Bete-Salat und Salzkartoffeln.
Abbildung Seite 65

Königsberger Klopse (II)

Je 250 g Rind- und Schweinefleisch, 1 große Zwiebel,
1 gewässerter, entgräteter Hering oder einige Sardellenfilets,
1 in Milch eingeweichtes, ausgedrücktes Brötchen
2 EL geriebenes Weißbrot, 1 TL Speisestärke, 2 Eier, Salz, Pfeffer,
1/2 TL Rosenpaprikapulver, 1 Prise Majoran, Abgeriebenes von
1/2 Zitrone (unbehandelt), 1 EL saure Sahne;
für die Soße: 2 EL Butter, 2 EL Mehl, 1/2 – 3/4 l Brühe,
1/2 Zwiebel, 1 Lorbeerblatt, einige Pfefferkörner, 1 Prise Zucker,
1 Messerspitze Mostrich (Senf), Saft von 1/2 Zitrone,
nach Belieben 1 Eigelb, etwas Sahne

Fleisch, grob zerkleinerte Zwiebel, Herings- oder Sardellenfilets sowie eingeweichtes Brötchen durch den Fleischwolf drehen. Geriebenes Weißbrot, Speisestärke, Eier, Gewürze, abgeriebene Zitronenschale und saure Sahne hinzufügen und alles gut vermischen. Fleischmasse kühl stellen und etwas ziehen lassen. Für die Soße aus Butter und Mehl eine helle Einbrenne zubereiten, kalt ablöschen und mit heißer Brühe aufgießen. Zwiebel, Lorbeerblatt, Gewürze und Mostrich hinzufügen. Mit nassen Händen mittelgroße Klopse aus der Fleischmasse formen, in die Soße geben und zugedeckt etwa 30 Minuten ziehen lassen. Soße mit Zitronensaft abschmecken. Eigelb mit Sahne verrühren und Soße damit binden, nicht mehr aufkochen lassen. Paßt zu Salzkartoffeln.

Abbildung s. Seite 67

Zodderklops

500 g Rindslende, 250 g Butter, 5 g Salz

Die Rindslende mit einem flach liegenden Messer groß zerreißen. Die Fleischstücke (Fleischzoddern) in heißer, aber nicht brauner Butter etwa 3 Minuten dünsten. Danach mit Salz bestreuen. Das Fleisch soll innen rosa bleiben. Zodderklops reicht man zu Salzkartoffeln.

Kartoffelkeilchen (I)

1,5 kg rohe Kartoffeln, Salz, 1 – 2 EL Mehl

Kartoffeln schälen, reiben und ganz fest ausdrücken. Salz hinzufügen und abschmecken. Mit feuchten Händen Klöße formen, in Mehl wenden und in kochendem Wasser Klöße portionsweise bei geringer Hitzezufuhr etwa 15 Minuten gar ziehen lassen. Dazu reicht man reichlich ausgelassenen Speck und gebratene Zwiebelringe.

Kartoffelkeilchen (II) (Kartoffelklöße)

1,5 kg rohe Kartoffeln, 500 g gekochte Kartoffeln,
75 g Weizenmehl, Salz

Die Kartoffeln schälen, in Wasser reiben (sie bleiben so zarter) und in einem Leinentuch ausdrücken. Die gekochten Kartoffeln reiben und mit den ausgedrückten Kartoffeln, Mehl und Salz vermengen. Von der Masse eßlöffelweise Klöße abstechen und in kochendem Salzwasser etwa 10 Minuten ziehen lassen.
Die Klöße passen zu gebratenen Speckscheiben oder Speckwürfeln und gedünsteten Zwiebeln.

"Tollatschen"
Schlachtgericht

1 kg Mehl, 400 g Zucker, 3 altbackene Brötchen,
1/2 l Schweineblut, 100 g Rosinen, Salz, 1 Prise gemahlener Anis,
gerebelter Thymian und Majoran, 4 EL Griebenschmalz;
2 l Wurstbrühe; Schweineschmalz, 6 säuerliche Äpfel

Mehl mit Zucker vermengen und geriebene Brötchen hinzufügen. Schweineblut unterrühren. Rosinen, Salz, Gewürze und Griebenschmalz hinzufügen, alles gut vermischen. Klöße formen und in heißer Wurstbrühe etwa 15 Minuten ziehen lassen. Abkühlen lassen und in Scheiben schneiden. Im heißen Schweineschmalz auf beiden Seiten knusprig braun braten. Äpfel schälen, Kerngehäuse ausstechen, in Scheiben schneiden und ebenfalls im heißen Schweineschmalz braten. Tollatschen zusammen mit gebratenen Apfelscheiben servieren.

Speckkuchen

1 kg Mehl, 1/2 l Milch, 1 TL Salz, 40 g Hefe, 1 Ei, 50 g Butter;
für den Belag: 500 g geräucherter Speck, 250 g Zwiebeln,
1 1/2 EL Kümmel, 300 g Schmant (saure Sahne), 4 Eier

Aus Mehl, Milch, Salz und Hefe zunächst einen Vorteig bereiten. Zugedeckt 15 Minuten an einem warmen Ort gehen lassen. Ei und Butter hinzufügen, abermals zugedeckt 15 Minuten gehen lassen und auf einem leicht gefetteten Backblech ausrollen. Speck in Würfel schneiden, Zwiebeln schälen und ebenfalls würflig schneiden. Alles zusammen mit dem Kümmel über den Teig streuen. Schmant mit Eiern verquirlen und ebenfalls über den Teig geben. Im vorgeheizten Backofen bei 200°C 15 – 20 Minuten goldgelb backen.

Kapernsoße

2 EL Mehl, 2 EL Butter, 1/2 l Gemüsebrühe,
Abgeriebenes und Saft von 1 Zitrone (unbehandelt),
40 g Kapern, Sahne

Aus Mehl und Butter eine Einbrenne zubereiten. Mit Gemüsebrühe aufgießen, Zitronenschale hinzufügen und etwa 10 Minuten köcheln lassen. Zum Schluß mit Kapern, Zitronensaft abschmecken und mit Sahne verfeinern. Paßt zu gekochtem Fisch oder Königsberger Klopsen.

Abbildung rechts

Sahnesoße

1/2 l Schmant (saure Sahne), Saft von 1 Zitrone, 1 EL Zucker,
Salz, Schnittlauchröllchen

Schmant mit Zitronensaft, Zucker und Salz vermischen. Schnittlauchröllchen unterheben und abschmecken. Paßt zu Kopfsalat.

Gänseschmalz

Reichlich Gänsefett (Flomen), 3 – 4 kleine Äpfel, 1 Zwiebel,
1 EL gerebelter Majoran, Schweineschmalz

Gänsefett einige Stunden wässern, abtropfen, in kleine Würfel schneiden und bei geringer Hitzezufuhr in einem eisernen Topf langsam ausbraten lassen. Äpfel waschen, sehr gut trocknen und – sobald das Schmalz an einem Löffelstiel kleine Bläschen zeigt, die Äpfel im Ganzen hinzufügen. Wenn die Äpfel platzen, wird das Fett trübe. Dann die ganze Zwiebel und Majoran hinzufügen. Sobald Fettwürfel anfangen, leicht zu bräunen, wird das Fett durch ein Sieb gegossen und in sauberen Gefäßen fest verbunden. Nach Belieben einige Eßlöffel Schweineschmalz zugeben, dadurch wird das Gänseschmalz fester.

Gänseleberwurst

1 kg Gänseleber, Milch, 500 g Schweinefleisch,
500 g frischer Speck, 50 g Gänsefett, 1 Zwiebel, 40 – 50 g Trüffeln,
Salz, Pfeffer, Majoran, 1 Prise Nelkenpulver, 1/8 l Sahne,
2 – 3 TL Rotwein, Gänsefett nach Bedarf

Die Gänseleber über Nacht in ausreichend viel Milch (Gänseleber muß bedeckt sein) einlegen, waschen, enthäuten. Mit kochendem Wasser überbrühen und in Stücke schneiden. Schweinefleisch und Speck in leicht gesalzenem Wasser gar kochen. Gänsefett auslassen, Zwiebel schälen, würfeln und darin anrösten; zusammen mit Leber, Speck und Schweinefleisch dreimal durch die feine Scheibe des Fleischwolfes geben. Feingehackte Trüffeln mit Gewürzen, Sahne und Rotwein vermischen. Soviel Fett unterrühren, daß die Masse glänzend aussieht. Alles in Einmachgläser füllen, verschließen und 1 – 1 1/2 Stunden bei 90°C kochen. Man kann die Leberwurst auch in den Gänsehals füllen, näht die Enden mit Küchengarn zu und läßt sie etwa 30 Minuten in Salzwasser ziehen. In kaltes, immer wieder erneuertes Wasser (am besten mit Eiswürfeln) legen, bis die Wurst fest und steif ist.

Geriebener Gänsemagen

*600 g gepökelte Gänsemägen, 2 kleine Zwiebeln, 1 – 2 EL Essig,
1/2 TL gerebelter Thymian, 1 Prise gerebelter Majoran*

Die Gänsemägen in wenig Wasser weich kochen und erkalten lassen. Durch die feine Scheibe des Fleischwolfes drehen (früher wurden die Gänsemägen gerieben). Zusammen mit geschälten, geriebenen Zwiebeln, Essig, Thymian und Majoran würzen. In Ostpreußen hat man die durchgedrehten Gänsemägen aber auch nur mit Butter vermischt und dann als delikaten Brotaufstrich verwendet.

"Pommerscher Kaviar"

Gänsedarmfett, Salz, Pfeffer, Majoran

Gänsedarmfett 24 – 48 Stunden wässern. Abgießen und Fett hacken oder durch die feine Scheibe des Fleischwolfs geben. Mit Salz, Pfeffer und Majoran abschmecken. Wird als beliebter Brotaufstrich verwendet und schmeckt auf kernigem Bauernbrot oder Vollkornbrötchen.

Senfsoße

1 kleine Zwiebel, 40 g Butter, 40 g Mehl, 1/2 l Fleischbrühe (Instant),
2 – 4 EL Senf, 1 Prise Zucker, Salz

Zwiebel schälen, fein würfeln, in erhitzter Butter andünsten und Mehl darüber stäuben. Mit heißer Brühe ablöschen. Mit Senf, Zucker und Salz abschmecken. Die Soße zu Heringsklopsen servieren.

Schmunzelsoße

125 g geriebener Speck (oder Grieben), 1 Zwiebel,
4 EL Weizenmehl, Salz, Pfeffer

Speck in einer Pfanne auslassen, die Zwiebel schälen, in Scheiben schneiden und darin anrösten. Speck und Zwiebelscheiben wieder herausnehmen und beiseite stellen. Fett mit Weizenmehl bestäuben und unter Rühren dunkel anbräunen. Mit etwa 1/4 l kochendem Wasser aufgießen und eine dickliche Soße bereiten. Mit Salz und Pfeffer abschmecken, aufkochen lassen und Speck und Zwiebelscheiben hinzufügen. Die Soße paßt zu Pell- oder Salzkartoffeln. Dazu reicht man in Ostpreußen saure Gurken oder rote Rüben.

Specksoße

*35 g geräucherter Speck, 1 Zwiebel, 65 g Mehl, 1 TL Sirup,
Salz, Essig oder Zitrone*

Geräucherten Speck würfeln, auslassen und die geschälte, gewürfelte Zwiebel darin unter Rühren andünsten. Mit Mehl bestäuben und mit 3/4 l Wasser aufgießen. Mit Sirup, Salz, Essig oder Zitrone süß-säuerlich abschmecken. Paßt zu "Grauen Erbsen" (Rezept S. 53). *Abbildung oben*

Quark-Schmant-Speise

400 g Speisequark, 4 Eigelb, 4 EL Schmant (saure Sahne),
4 EL Zucker, Ausgekratztes von 1/4 Vanilleschote, Abgeriebenes von
Zitrone (unbehandelt), 1 Prise Salz

Alle angegebenen Zutaten miteinander vermischen und wahlweise als Brotaufstrich verwenden oder mit Kompott verzehren.

Quittenmus

1 1/4 kg Quittenmus (aus 1 1/4 kg Quitten),
1 kg Zucker, 1 TL Zimt

Früchte vorbereiten und kochen. Durch ein grobes Sieb pressen, wobei die Schalen zurückbleiben. Mit Zucker und Zimt nochmals aufkochen und in heiß ausgespülte Gläser füllen und gut verschließen.

Kirschkaltschale

500 g Sauerkirschen, 3/4 l Wasser, 1/4 l Rotwein,
4 aufgeschlagene, feingehackte Kirschkerne, 1 Stückchen
Zimt, 150 g Zucker

Sauerkirschen entsteinen, mit Wasser und Rotwein, aufgeschlagenen Kirschkernen, Zimt und Zucker zum Kochen bringen und bei geringer Hitzezufuhr in etwa 15 – 20 Minuten gar kochen. Nach dem Abkühlen in den Kühlschrank stellen. Mit Schneeklößchen garnieren und servieren.

Schneeklößchen

2 Eiweiß, 50 g Zucker, Abgeriebenes von 1/2 Zitrone (unbehandelt),
1 Prise Zimt und Nelkenpulver

1/4 l Wasser in einem flachen Topf aufkochen lassen. Eiweiß sehr steif schlagen, Zucker und Zitronenschale hinzufügen und weitere 3 Minuten schlagen, bis die Masse fest ist. Mit 2 Teelöffeln Klößchen abstechen und auf das heiße, aber nicht mehr kochende Wasser setzen. Zugedeckt etwa 5 Minuten ziehen lassen. Schneeklößchen auf gut gekühlte Kirschsuppe geben, mit Zimt und Nelkenpulver bestreuen.

Götterspeise

1 l Milch, 4 EL Zucker, 1/2 Päckchen Vanillezucker,
4 Eigelb, 1 kleines Glas entsteinte Renekloden,
200 g Mandelmakronen

Milch, Zucker, Vanillezucker aufkochen und verquirlte Eigelbe unter Rühren hinzufügen. Bei geringer Hitzezufuhr langsam zum Kochen bringen, vom Herd ziehen und unter Rühren erkalten lassen. Abgetropfte Renekloden in eine Glasschale geben, eine Schicht Mandelmakronen darüberschichten, mit abgekühlter Creme begießen. Erkaltet mit weiteren Makronen garnieren. Eventuell mit Sahnetupfer garnieren.

Himmelspeise

1/4 l Himbeersaft, 1/4 l Apfel- oder Traubenmost, Saft von 1 Zitrone (oder etwas ungesüßter Rhabarbermost), 2 Eiweiß, 6 Blatt rote Gelatine, Zucker nach Geschmack,

Himbeersaft, Most, Zitronensaft und Zucker vermischen, Eiweiß hinzufügen und so lange schlagen, bis sich die Masse verdickt. Dann unter ständigem Rühren die nach Vorschrift gelöste Gelatine hinzufügen, weiterschlagen. Danach Speise zuckern und in eine mit kaltem Wasser ausgespülte Form geben. Erkalten lassen und mit Vanillesoße servieren.

Arme Ritter

8 Scheiben Weißbrot von vorgestern, 1/4 l Milch, 2 Eier, 1 EL Zucker, 1 Prise Salz, Butter zum Braten

Weißbrotscheiben in eine Schüssel legen, Milch, Eier, Zucker und Salz verquirlen, über Weißbrotscheiben gießen und einmal wenden. Weißbrotscheiben dürfen nicht zu weich werden. Butter in einer Pfanne erhitzen, Weißbrotscheiben bei mittlerer Hitzezufuhr auf beiden Seiten golbraun braten. Mit Himbeersirup übergießen.

Abbildung rechts

Ostpreußische "Fölle Keilchen" (Gefüllte Keilchen)

500 g Mehl, 1/2 TL Salz, 1/4 l Milch, 250 g Preiselbeeren, 2 EL Zucker

Mehl in eine Schüssel sieben, Salz und so viel Milch hinzufügen, daß ein fester Teig entsteht. Preiselbeeren waschen, verlesen, abtropfen lassen und zuckern. Den Teig auf einer bemehlten Arbeitsplatte ausrollen und Vierecke von etwa 5x5 cm ausschneiden. Jedes Viereck mit 1 TL Preiselbeeren belegen, die Ränder mit Wasser bestreichen und mit einem zweiten Viereck bedecken und fest zusammendrücken. 2 l Wasser aufkochen, gefüllte Keilchen portionsweise bei geringer Hitzezufuhr etwa 15 Minuten gar ziehen lassen. Paßt zu Fruchtsuppen.

Apfelkeilchen

500 g Mehl, 2 Eier, 1 Prise Salz, 1/8 – 1/4 l Milch, 500 g Äpfel, 2 EL Zucker, 1 Eigelb, zerlassene Butter, Zucker, Zimt

Mehl in eine Schüssel sieben, Salz und so viel Milch hinzufügen, daß ein weicher Teig entsteht. Äpfel waschen, schälen, Kerngehäuse ausstechen, sehr fein würfeln, zuckern und unter den Teig rühren. Vom Teig eßlöffelweise Klöße abstechen und in kochendem Wasser Keilchen portionsweise bei geringer Hitzezufuhr etwa 15 Minuten gar ziehen lassen. Mit brauner Butter begießen, mit Zucker und Zimt bestreuen.
Tip: Ißt man gerne zum Abendbrot oder am Sylvesterabend.

Kürbissuppe mit Milch

750 g Kürbisfleisch, 1 Messerspitze Salz,
1 Prise geriebene Muskatnuß, 3/4 l Milch, Butter,
Abgeriebenes von 1/2 Zitrone (unbehandelt),
1/4 TL Zimt, 2 EL Zucker

Kürbisfleisch in mundgerechte Stükke schneiden und in so viel Salzwasser garen, daß es gerade bedeckt ist. Abtropfen lassen und pürieren (einige Stücke zurückbehalten). Mit heißer Milch aufgießen und mit Butter verfeinern. Mit Gewürzen und Zucker abschmecken. Mit Schneeklößchen (Rezept S. 73) bedecken und mit Kürbisstücken garnieren.

Klunkermus (Milchsuppe)

1 l Milch, Schale von 1/2 Zitrone (unbehandelt);
für die Einlage: 100 g Mehl, 2 Eier,
1 Prise Salz, 2 EL Zucker

Milch mit Zitronenschale aufkochen. Für die Einlage Mehl mit Eiern, Salz und Zucker vermischen, mit etwas Wasser zu einem dicklichen Teig rühren. Teig in die Suppe einlaufen lassen und bei geringer Hitzezufuhr so lange ziehen lassen, bis die "Klieben" (Klunkern) an der Oberfläche schwimmen. Vor dem Servieren die Zitronenschale entfernen.

KUCHEN, GEBÄCK UND KONFEKT

Gewürzkuchen
mit Punschglasur

Für den Teig: 200 g Butter, 200 g Zucker, 4 Eier, 75 g gemahlene Haselnüsse, 50 g Kakao, 1 Päckchen Vanillezucker, Abgeriebenes von 1/2 Zitrone (unbehandelt), 2 TL Zimt, 1/2 TL gemahlene Nelken, je 1 Messerspitze geriebene Muskatnuß, gemahlener Ingwer und Piment, 1 Prise Salz, 1 Päckchen Backpulver, 300 g Mehl, 3 EL Rum, 1/8 l Milch, 50 g kandierter Ingwer, Butter für die Form
Für die Glasur: 200 g Puderzucker,
1 EL Zitronensaft, 1 EL Rum, 1 EL Arrak
Zum Garnieren: 40 g Zitronat und Orangeat

Butter, Zucker und Eier schaumig rühren. Nüsse, Kakao, Vanillezucker, Zitronenschale, Gewürze und Salz darunterrühren. Backpulver mit Mehl vermischen und darüber sieben. Nach und nach Rum und Milch unter die Masse rühren. Ingwer feinwürfelig schneiden und unterheben. Kastenform (Länge 30 cm) mit Butter einfetten, Teig hineinfüllen und im vorgeheizten Backofen auf mittlerer Schiene 60 – 70 Minuten backen. Während der ersten 20 Minuten Backofen nicht öffnen. Den fertigen Kuchen etwas abkühlen lassen, auf ein Kuchengitter stürzen und erkalten lassen. Für die Glasur gesiebten Puderzucker mit den restlichen Zutaten vermischen, Gewürzkuchen damit überziehen und mit gewürfeltem Zitronat und Orangeat bestreuen. *Abbildung rechts*

"Radekuchen"
Schmalzgebackenes

125 g Butter, 8 Eier, 250 g Zucker, 1 TL Zimt, etwas Abgeriebenes von 1/2 Zitrone, 4 cl Arrak, 4 EL Schmant (saure Sahne), 1 kg Mehl, 1 Päckchen Backpulver, Fett zum Ausbacken, Puderzucker zum Bestäuben

Butter schaumig rühren, Eier, Zucker, Zimt und abgeriebene Zitronenschale hinzufügen, Arrak und Schmant unterrühren. Mehl mit Backpulver sieben und unterheben. Alles zu einem festen Teig verkneten. Teig auf bemehlter Arbeitsfläche nicht zu dünn ausrollen und Streifen von etwa 10 cm Länge und 3 cm Breite ausradeln. Die Mitte einritzen und das eine Teigende durchziehen. Im heißen Ausbackfett schwimmend goldgelb ausbacken, auf Küchenkrepp abtropfen lassen und mit reichlich Puderzucker dick bestreuen.

"Thorner Katharinchen"
Pfefferkuchen

375 g Honig, 100 g Butter, 400 g Zucker, 1 kg Mehl, 10 g Zimt, 4 g Kardamom, 1 Prise Pfeffer, 5 g Nelkenpulver, 50 g Zitronat, 20 g Orangeat, 2 bittere Mandeln, 25 g Pottasche, 1/8 l Rosenwasser, 1 Eiweiß, Fett für das Blech

Honig, Butter und Zucker unter Rühren erhitzen und aufkochen. Etwa 700 g Mehl mit den Gewürzen, feingehacktem Zitronat, Orangeat, geriebenen Mandeln in einer Schüssel vermischen. Honigmasse mit 2 – 3 Eßlöffeln kaltem Wasser verrühren. Pottasche in Rosenwasser auflösen und zum abgekühlten Teig geben. Restliches Mehl unterkneten, auf bemehlter Arbeitsfläche ausrollen und mit Förmchen (in Ostpreußen nahm man dafür Katharinenförmchen) ausstechen. Mit Ei-

weiß bestreichen, auf ein gefettetes Backblech setzen und im vorgeheizten Backofen bei 200°C etwa 20 Minuten backen. Gut abkühlen lassen.

Apfelkuchen mit Füllung

Für den Teig: 500 g Mehl, 1/4 l Schmant (saure Sahne),
30 g Hefe, 60 g Zucker, 50 g zerlassene Butter; für die Füllung:
500 g Äpfel, etwa 1/4 l Himbeersaft, 80 g Rosinen,
1 – 2 EL Semmelbrösel; Butter für die Form

Aus den angegebenen Zutaten einen Hefeteig zubereiten und 30 Minuten zugedeckt an einem warmem Ort gehen lassen. Äpfel waschen, schälen, Kerngehäuse ausstechen und raffeln. Mit Himbeersaft aufkochen und 5 Minuten dünsten lassen. Rosinen und Semmelbrösel unterziehen; es sollte eine streichfähige

Masse entstehen. Hefeteig in zwei Teile teilen. Einen Teil auf einem gebuttertem Blech ausrollen, Füllung obenauf geben, mit der zweiten ausgerollten Teigplatte bedecken und an den Rändern fest zusammendrücken, damit die Füllung nicht entweichen kann. Im vorgeheizten Backofen bei 180-200°C etwa 30 Minuten backen.

Apfelkuchen
mit Sahneguß

200 g trockener Quark, 160 g Honig, 4 EL Öl, 2 Eigelb,
1/4 TL Vanillemark, 4 gestrichene TL Backpulver, 400 g Weizenmehl;
für den Belag: 1,5 kg säuerliche Äpfel; für den Guß: 4 Eigelb,
125 g Honig, 1/4 l saure Sahne, 2 EL Rum,
Abgeriebenes von 1 Zitrone (unbehandelt),
4 Eiweiß; Butter für das Blech

Quark mit Honig verrühren. Öl, Eigelbe und Vanillemark hinzufügen. Backpulver mit Mehl sieben und unterarbeiten. Teig 30 – 60 Minuten zugedeckt im Kühlschrank ruhen lassen. Danach denTeig auf dem gefetteten Backblech ausrollen und an den Rändern etwas hochziehen. Äpfel schälen, Kerngehäuse ausstechen und achteln. Apfelschnitze auf dem Teig verteilen. Im vorgeheizten Backofen bei bei 200°C 25 Minuten backen. In der Zwischenzeit für den Guß Eigelbe mit Honig schaumig rühren. Saure Sahne, Rum und abgeriebene Zitronenschale dazugeben. Danach steifgeschlagenes Eiweiß unterheben. Guß auf den belegten Kuchen geben und noch weitere 25 – 30 Minuten backen. Abgekühlt in Rechtecke schneiden.

Abbildung rechts

Gefüllter Honigkuchen

200 g Honig, 100 g Zucker, 50 g Butter, 500 g Mehl,
1 Päckchen Backpulver, 1 Prise Salz, 1/2 TL Anis, 1/2 TL Kardamom,
1 Messerspitze Nelkenpulver;
für die Füllung: 50 g Zitronat, 50 g Orangeat,
200 g geriebene Haselnüsse, 50 g geriebene Mandeln,
15 g Pottasche, 5 – 6 EL Rosenwasser;
für den Guß: 200 g Puderzucker, 1 EL Arrak, 1 – 2 EL warmes
Wasser; Fett für das Backblech

Honig, Zucker und Butter zusammen erhitzen und abkühlen lassen. Mehl und Backpulver sieben und vermischen, Salz und Gewürze unterheben. Das Ganze mit der Honigmasse zu einem Teig verkneten. Zwei Drittel des Teiges auf einem gefetteten Backblech ausrollen. Für die Füllung alle angegebenen Zutaten vermischen, auf dem Teig verteilen und den Rest des Teiges als Decke darüber legen. Im vorgeheizten Backofen bei 200°C etwa 40 Minuten backen. Noch heiß mit einer Glasur aus den angegebenen Zutaten bestreichen, nach dem Erkalten in Stücke schneiden. Dazu paßt heißer Glühwein oder Teepunsch.

Schwarzer Magister

400 g Backpflaumen ohne Steine, 3 EL Zucker, 1 Stück Zimtstange,
1/8 l Weißwein, 1 Prise Salz, 300 g Kastenweißbrot in Scheiben,
150 g Butter, 3 Eier, 1/4 l Milch, 1 EL Puderzucker

Die Backpflaumen zusammen mit Zucker, Zimtstange, Weißwein und Salz weich kochen. Über Nacht stehen lassen, Pflaumen abtropfen lassen, Saft zur Seite stellen. Weißbrotscheiben in der Pfanne in erhitzter Butter von beiden Seiten anrösten. Eine Auflaufform buttern, schichtweise abwechselnd eine Lage Weißbrot und Pflaumen hineinfüllen. Die obere Lage muß Weißbrot sein. Eier mit Milch verquirlen, etwas Pflaumensaft dazugeben und über den Auflauf gießen. Im vorgeheizten Backofen bei 180°C etwa 1 Stunde backen. Mit Puderzucker bestreuen. Noch warm oder abgekühlt servieren.

"Purzelchen" Fettgebackenes

500 g Mehl, 30 g Hefe, 150 g Zucker,
etwa 1/4 l Schmant (saure Sahne), 150 g Butter, 2 Eier,
1/4 TL Salz, Fett zum Ausbacken, Puderzucker zum Bestäuben

Mehl in eine Schüssel sieben, eine Vertiefung in der Mitte eindrücken, Hefe hineinbröckeln, mit wenig Mehl, Zucker und erwärmtem Schmant einen Vorteig bereiten und zugedeckt an einem warmen Ort etwa 15 Minuten gehen lassen. Vorteig mit den restlichen Zutaten zu einem Hefeteig verarbeiten und so lange schlagen, bis sich der Teig vom Schüsselrand löst. Danach weitere 30 Minuten gehen lassen. Mit 1 Eßlöffel Kugeln abstechen und im heißen Ausbackfett goldgelb ausbacken. Auf Küchenkrepp abtropfen lassen und noch heiß mit gesiebtem Puderzucker bestreuen.

Tip: Wird gerne am Silvesterabend verzehrt, dazu reicht man gut gewürzten Punsch.

Schmantwaffeln

7 Eier, 300 g Mehl, 200 g Butter, 3/8 l Schmant (saure Sahne),
1 TL Salz, 1 – 2 EL Zucker, Abgeriebenes von 1/4 Zitrone
(unbehandelt), 1 Prise Macisblüte, 100 g Puderzucker

Eier in einer Schüssel mit dem Schneebesen schaumig schlagen. Gesiebtes Mehl unterrühren, zerlassene Butter hinzufügen. Danach den heißen Schmant zusammen mit Salz, Zucker und den Gewürzen unter die Waffelmasse heben. Portionsweise in einem beschichteten Waffeleisen Waffeln ausbacken. Danach mit Puderzucker bestäuben.

Schokoladenkuchen

200 g Butter, 200 g Zucker, Abgeriebenes von
1 Zitrone (unbehandelt), 5 Eigelb, 150 g gemahlene Mandeln,
2 EL Kräuterlikör, 100 g Korinthen, 80 g Schokolade,
1 Päckchen Backpulver, 400 g Mehl, 5 Eiweiß, Fett und Semmelmehl
für die Form, Puderzucker zum Bestäuben

Butter mit Zucker und abgeriebener Zitronenschale gut vermischen. Eigelbe einzeln unterheben. Mandeln, die in Kräuterlikör geweichten Korinthen sowie die in kleine Stücke zerteilte Schokolade hinzufügen. Backpulver mit Mehl vermengen und darüber sieben, alles gut verrühren. Zum Schluß das steifgeschlagene Eiweiß unterheben. Alles in eine gefettete und mit Semmelmehl ausgelegte Kastenform füllen und im vorgeheizten Backofen bei 180° C 70 – 80 Minuten backen. Abgekühlt mit Puderzucker bestäuben.

Abbildung rechts

Quittenkonfekt

2 Päckchen Vanillezucker, 1 kg Quittenmus, etwas Hagelzucker, Rum oder Zitronensaft

Ein großes Kuchenblech mit Backpapier auslegen, mit Vanillezucker bestreuen. Quittenmus in einer etwa 1 cm dicken Schicht gleichmäßig aufstreichen und mehrere Tage an der Luft trocknen lassen. Sobald die Oberfläche getrocknet ist, Quittenpaste einmal wenden und abermals mehrere Tage trocknen lassen. Danach in kleine Quadrate, Streifen oder Rechtecke schneiden. Jedes Stück in Rum oder Zitronensaft wenden, danach in Hagelzucker wälzen. In kleine Konfektmanschetten geben und in gut verschlossenen Dosen aufbewahren.

Königsberger Marzipan

1 kg Mandeln (darunter 10 bittere Mandeln), 1 kg Puderzucker, knapp 0,5 l Rosenwasser; für den Guß: 1 kg Puderzucker, Saft von 2 großen Zitronen, 5 – 6 EL Rosenwasser, bunte kandierte Früchte

Süße und bittere Mandeln mit heißem Wasser überbrühen, schälen und ausgebreitet trocknen lassen. Danach zweimal durch die Mandelmühle (notfalls in der Haushaltsmaschine mit Schneidemesser) drehen bzw. feinst zerkleinern. Mit Puderzucker und Rosenwasser zu einem festen Teig – am besten auf einer Marmor-Arbeitsplatte oder auf einer mit Puderzucker ausgestreuten Arbeitsfläche – verkneten. Den Teig teilen. Aus der einen Hälfte eine etwa tortenbodendicke Platte ausrollen und mit verschiedenen Förmchen Herzen, Ringe oder Dreiecke ausstechen. Die zweite Teighälfte ebenfalls ausrollen und in schmale Streifen schneiden, hochstehend als Rand um die Kante des

88

ausgestochenen Bodens der Herzen, Ringe, Halbmonde oder Dreiecke legen und andrücken. Dabei zuvor die aufeinandertreffenden Ränder mit Rosenwasser befeuchten. Den Rand mit einer Schere einschneiden, wodurch ein Muster entsteht. Alle Ränder mit Rosenwasser einpinseln und die Marzipanstücke auf ein mit Backpapier ausgelegtes Backblech setzen. Im vorgeheizten Backofen bei 250°C rasch (nur bei Oberhitze) überbacken, dabei dürfen nur die Ränder bräunen. Einen Guß aus Puderzucker, Zitronensaft und Rosenwasser bereiten und in die Mitte der Marzipanstücke füllen. Nach Belieben den Guß mit kandierten roten und grünen Belegfrüchten verzieren.

Schaumkonfekt

4 Eiweiß, 280 g Puderzucker, 1/4 TL Vanillezucker

Eiweiße mit gesiebtem Puderzucker und Vanillezucker verrühren. Die Masse im Wasserbad etwa 10 Minuten schlagen, bis sie dickflüssig und weiß erscheint. In einen Spritzbeutel füllen, auf Backtrennpapier hübsche Formen spritzen und das Gebäck im vorgeheizten Backofen auf niedrigster Hitzestufe (ca. 150° C) etwa 2 Stunden mehr trocknen als backen lassen. In gut schließender Dose aufbewahren.

GETRÄNKE

Schokolade mit Milch

1/2 l Milch, 100 g geriebene Vollmilchschokolade,
Zucker nach Geschmack, 2 Eigelb

Milch aufkochen, Schokolade unter Rühren hinzufügen, vom Herd nehmen, nach Belieben zuckern und mit verquirlten Eigelben binden.

Teepunsch
(für 2 Personen)

1/2 l starker schwarzer Tee, 0,7 l Burgunder Rotwein, 2 Nelken,
1/2 Zitronenschale (unbehandelt), 1 EL Zucker, Rum

Alle Zutaten langsam erhitzen, nach Geschmack mit Rum würzen, in hohe Becher füllen und sofort servieren. Ein Getränk für kalte Tage.

90

"Bärenfang"
Honigschnaps
(ergibt etwa 2 Flaschen zu je 0,7 l)

1 l hochprozentiger Kornschnaps,
4 Nelken, 600 g Honig

Alle Zutaten vermischen, in einen Topf gießen und einmal aufkochen lassen. Abgekühlt in Flaschen füllen, gut verschließen, kühl und dunkel einige Wochen aufbewahren. "Bärenfang" wird meist warm, aber auch kalt getrunken. Anstatt Schnaps verwenden Feinschmecker Rum.

Nikolaschka
(für 1 Person)

4 cl Weinbrand, 1 Zitronenscheibe, 1/4 TL Zucker

Weinbrand in ein Gläschen füllen. Schale von der Zitronenscheibe wegschneiden, auf den Glasrand setzen und mit Zucker bestreuen. Dieses vermutlich aus Rußland stammende Getränk gilt in Ostpreußen als Nationalgetränk. Zuerst kaut man die Zitronenscheibe und schluckt sie zusammen mit dem Weinbrand hinunter.

Holunderpunsch
(für 4 – 6 Personen)

1/2 l Holunderbeermost, 1/2 l Apfelmost, 1/2 l schwarzer Tee,
1/4 l Johannisbeermost, 1 Nelke, 1/4 TL Zimt, Schale von 1/2 Zitrone
(unbehandelt), Zucker nach Geschmack

Holunderbeer- und Apfelmost zusammen mit den Gewürzen im Wasserbad erhitzen, durch ein Sieb abseihen, mit den übrigen Zutaten vermischen und gut umrühren. Mit Zucker abschmecken.

REZEPT-VERZEICHNIS

Bildnachweis:
Umschlagfoto: Fotostudio Teubner, Füssen
Innenteil:
CMA/IPR & O, Hamburg S. 11, 18, 23, 27, 30, 39, 51, 54, 55, 71, 75
Eschenbach Porzellan/Komplett-Büro, München S. 79
Essig-Essenz/prhh S.35
Gammeldansk/Gesellschaft f. Europäische Kommunikation, Hamburg S. 87
Gesellschaft f. Europäische Kommunikation, Hamburg S. 15, 34
Malteserkreuz Aquavit, Hamburg S. 31
Molkerei Alois Müller, Aretsried S. 47, 83
Palmin/Union Deutsche Lebensmittel, Hamburg S. 67
Thomy/Komplett-Büro, München S. 38, 59